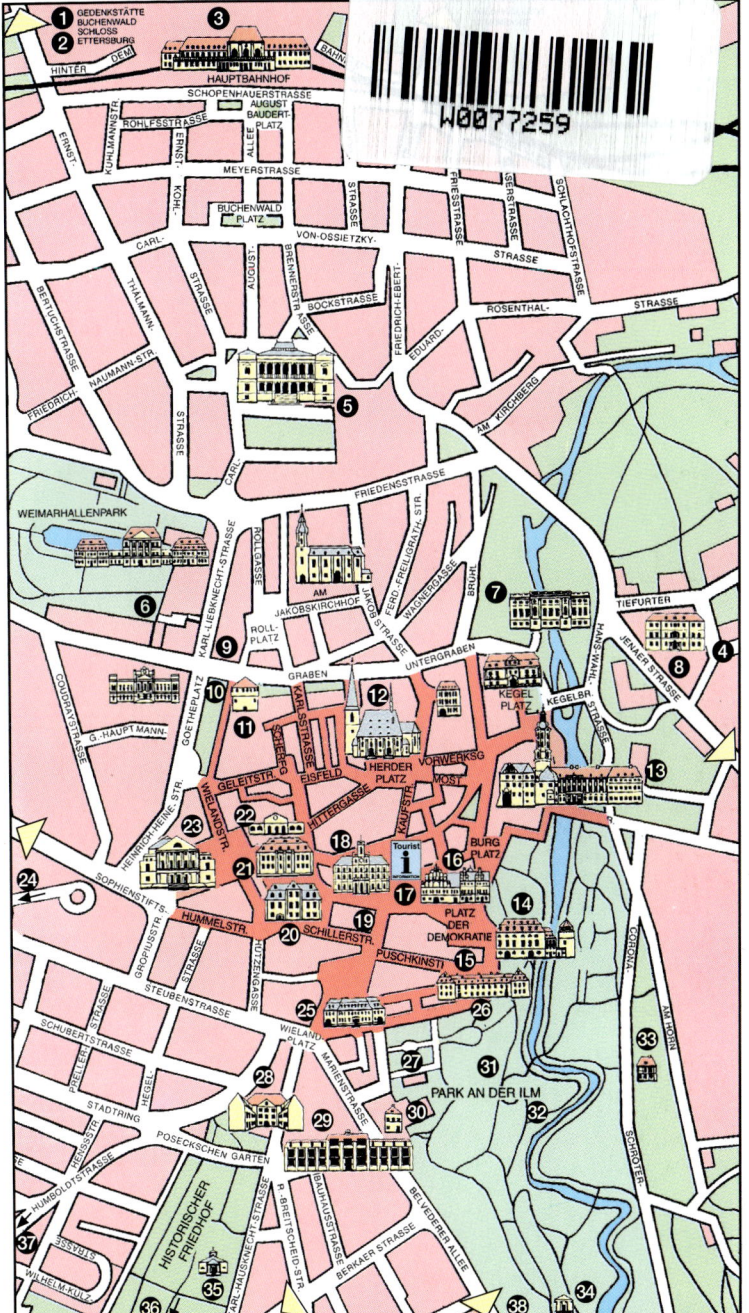

Johann Wolfgang Goethe, Gemälde
von Angelika Kauffmann, 1787

Siegfried Seifert

WEIMAR

Führer durch eine europäische
Kulturstadt

Edition Leipzig

Bildnachweis

Amt für Tourismus, Weimar S. 14, 17 und 20 (Lutz Fenske), 22, 41 (Fenske), 19, 56 und 57 (Matthias Harnisch), 67, 70, 71 (Fenske), 69 (Dreßler), Umschlag (Harnisch)
Constantin Beyer, Weimar S. 29, 33 (unten), 46, 62
Sigrid Geske, Weimar S. 24, 48, 51 (oben), 68
Jürgen Karpinski, Dresden S. 21, 28, 34, 35, 42
Hans-Jürgen Kessler, Weimar Stadtplan, Umgebungskarte
Kunstsammlungen zu Weimar S. 25, 44, 64
Eberhard Renno, Weimar S. 54, 58, 63, 66
Stadtarchiv Weimar S. 15, 47
Stiftung Weimarer Klassik Frontispiz, S. 9, 13, 23, 32, 33 (oben), 36, 37–39 (Sigrid Geske), S. 51 (unten, Geske), 61

Die Deutsche Bibliothek – CIP–Einheitsaufnahme

Seifert, Siegfried:
Weimar : Führer durch eine europäische Kulturstadt /
Siegfried Seifert. – 2., aktualisierte Aufl. – Leipzig :
Ed. Leipzig, 1998

ISBN 3-361-00419-5

© 1994 by Edition Leipzig
in der Dornier Medienholding GmbH, Berlin
2., aktualisierte Auflage 1998
Umschlaggestaltung: Dietmar Kunz, Leipzig
Satz: Interdruck Leipzig GmbH
Reproduktion: Schwangart, Offsetrepro, Kaufbeuren
Printed in Slovenia

Inhalt

Weimar – eine Stadt europäischer kultureller Traditionen

«Nach Weimar zieht es die Deutschen gewaltig hin; es ist auch einzig in der ganzen Geschichte», notiert der junge Robert Schumann 1828 in sein Tagebuch. Viele seiner Zeitgenossen dachten so. In einer Zeit, als die Hoffnungen auf die politische und staatliche Vereinigung der deutschen Länder gescheitert waren, wurde die kleine Stadt an der Ilm zum Fixstern kultureller nationaler Größe.

«Wo finden Sie auf einem so engen Fleck noch so viel Gutes! ... Bleiben Sie bei uns, ... wählen Sie Weimar zu Ihrem Wohnsitz. Es gehen von dort die Tore und Straßen nach allen Enden der Welt.» Goethe war es, der 1823 Johann Peter Eckermann diese Stadt so eindringlich werbend ans Herz legte. Damals war Goethes eigenes Leben und Wirken schon fast ein halbes Jahrhundert mit Weimar verbunden. Es neigte sich jene Periode ihrem Ende zu, die wir heute als «klassisches Weimar» bezeichnen. Die Nachwirkungen sind tiefgehend, bis zum heutigen Tag. Wenn Weimar für 1999 den Titel und den Auftrag erhielt, «Kulturstadt Europas» zu sein, so hat ohne Zweifel der 250. Geburtstag ihres bedeutendsten Bürgers, den 1999 die deutsche Nation und mit ihr die Welt begehen wird, in nicht geringem Maße dazu beigetragen.

Es bleibt bis zum heutigen Tag eine erstaunliche Sache, daß eine kleine und noch bis weit in das 19. Jahrhundert äußerlich eher bescheidene Residenzstadt um 1800 für einige Jahrzehnte zu einem der Zentren der deutschen und europäischen Kultur aufstieg. Siedlungsgebiet war das fruchtbare Ilmtal bei Weimar schon seit vielen Jahrtausenden gewesen; die mehr als 150 000 Jahre alten Schädelfunde prähistorischer Menschen im Travertinbruch Weimar/Ehringsdorf in den ersten Jahrzehnten unseres Jahrhunderts galten als Sensation. Weimar – nach neuesten Forschungen 899 erstmals urkundlich erwähnt – blieb über Jahrhunderte ein unbedeutender Ort fern der großen Handelsstraßen. Ins geschichtliche Rampenlicht trat es kurioserweise dank einer Niederlage: Der sächsische Kurfürst Johann Friedrich, genannt der Großmütige, Anführer des protestantischen Schmalkaldischen Bundes, hatte 1547 in der Schlacht bei Mühlberg Kurwürde und Stammland verloren und deshalb Weimar zur Residenz seines verbleibenden kleineren Fürstentums gemacht. Damit waren überhaupt erst die Möglichkeiten für einen allmählichen Aufstieg der Stadt gegeben.

Wenn heute jährlich hunderttausende Gäste diese Stadt besuchen, so ohne Zweifel deshalb, weil das «klassische Weimar» über die fast zwei Jahrhunderte hinweg, die uns von ihm trennen, seine besondere Ausstrahlungskraft bewahrt hat. Das geistige Band zur großen Vergangenheit allein wäre aber zu schwach, um den nicht abreißenden Strom der Touristen und Gäste zu erklären, der die auch heute noch gerade mittelgroße Stadt vor wachsende Probleme stellt. Es ist auch das Erlebnis, daß der Besucher aus «allen Enden der Welt» noch heute ein Ensemble von Straßen, Gäßchen, Plätzen und Gebäuden vorfindet, welches den Charakter der Goethezeit in vielerlei Hinsicht bewahrt hat. Nicht vergessen sei dabei der nahe Park an der Ilm: «Die englischen Anlagen, die so dicht an die Stadt anstoßen, daß man sie als einen Teil derselben betrachten möchte, sah ich diesmal in ihrer ganzen Schönheit und mit frohem, innigem Genusse», schreibt ein Weimarbesucher des Jahres 1797, Karl Gottlob Küttner. Diese Verbundenheit von Natur, gestalteter Umwelt und historischer Stadt, die Möglichkeit, nahezu unmerklich von der einen in die andere Sphäre zu wechseln, hat bis heute ihren Reiz für die Bewohner dieser Stadt wie für ihre Gäste nicht verloren. Sehen, Betrachten und Studieren können sich mit Ruhe, Besinnung und Erholung in der Natur harmonisch zusammenfügen. Es ist wohl die besondere Verbindung von Zeugnissen der Geschichte und der Nachwirkung großer Persönlichkeiten, was das Erlebnis Weimar so unverwechselbar macht. «Die Stätte, die ein guter Mensch betrat, / Ist eingeweiht; nach hundert Jahren klingt / Sein Wort und seine Tat dem Enkel wieder», heißt es in Goethes «Tasso». Mit Recht hat Goethe Weimars Weltoffenheit gerühmt; sie soll auch für das Weimar von heute gelten, für eine sich erneuernde, im Herzen Europas gelegene Stadt, die ihre Weltverbundenheit mit der Gastfreundlichkeit ihrer Bürger auf dem Weg ins neue Jahrhundert vereinen möchte.

Schon die Zeitgenossen Goethes haben das besondere Fluidum Weimars gespürt und darüber nachgedacht. «Zum ersten Male erhielt Deutschland eine literarisch-gelehrte Hauptstadt», schreibt 1810 Madame de Staël, einer der prominentesten unter Weimars internationalen Gästen, in ihrem berühmten Buch «Über Deutschland». Zugleich erkannte die kluge Französin, die mit Paris ein ganz anderes kulturelles und zugleich politisches Zentrum kannte, einen wesentlichen Grund für diese deutsche Besonderheit: «Von allen Fürstentümern Deutschlands zeigt keines in solchem Maße wie Weimar die Vorzüge eines kleinen Landes, wenn sein Fürst ein Mann von viel Geist ist und, ohne etwas vom Gehorsam seiner Untertanen einzubüßen, ihnen zu gefallen suchen kann... Weimar war gar keine kleine Stadt, sondern vielmehr ein großes Schloß, wo eine ausgesuchte Gesellschaft sich interessiert über jedes neue Kunstprodukt unterhielt.» Der «aufgeklärte Absolutismus», oft nur Aushängeschild und meist nicht von langer Dauer – in Weimar war er zur praktischen Realität geworden, die reiche Früchte trug.

Das Fundament für den raschen Aufstieg Weimars hatte Anna Amalia gelegt. Ihrer Erziehung am protestantischen Hof zu Braunschweig-Wolfenbüttel verdankte die vielseitig begabte, sechzehnjährig nach Weimar verheiratete Prinzessin eine gründliche Bildung und vor allem die Kenntnis der Großen der damals führenden Literatur und Philosophie der französischen Aufklärung. Ihre Leidenschaft für Kunst, Musik und Theater tat bald öffentliche Wirkung. Das Wichtigste aber war, daß die Herzogin ein unkompliziertes, von Standesdünkel freies Verhältnis zu bürgerlichen Intellektuellen besaß. Nachdem sie 1759 die Regentschaft für ihren frühverstorbenen Mann übernommen hatte, holte sie bedeutende Schriftsteller und Künstler nach Weimar: So wurde Christoph Martin Wieland, einer der bekanntesten deutschen Autoren dieser Zeit, 1772 zum literarisch-philosophischen Erzieher des Erbprinzen Carl August berufen.

Die kulturvolle Atmosphäre und die unkonventionelle Offenheit am weimarischen Hofe formten den vitalen jungen Herzog, der 1775 die Regierung aus den Händen seiner Mutter übernahm. Sein wacher Verstand und die Liebe zur Literatur, Kunst und Wissenschaft ermöglichten ihm auch als Herrscher ein enges persönliches Verhältnis zu begabten Bürgerlichen, vor allem zu dem nur wenig älteren Goethe. Urteile wie das folgende waren damals nicht selten: «Nicht leicht sah man dem Antritt einer Regierung mit größern Erwartungen entgegen als dem Regierungsantritt des jetzigen Herzogs. Ein leicht fassender Kopf, ein feuriges Genie, ein Herz voll Gefühl und gute Erziehung rechtfertigten diese Erwartungen … Männer von Kenntnissen haben auch jetzt noch, ohne Rücksicht auf Stand, freien Zutritt bei Hofe. Es herrscht an demselben eine Freiheit im Denken und Sprechen, welche an jedem andern Hofe ein unerhörtes Phänomen sein soll.» Als besondere Eigenschaft des Herzogs rühmte Goethe dessen «Gabe, Geister und Charaktere zu unterscheiden und jeden an seinen Platz zu stellen». Gewiß, diese Verbindungen, auch die Freundschaft mit Goethe, waren nicht frei von Widersprüchen und Krisen. Das oft ungestüme Wesen Carl Augusts, der feudale Grundcharakter seines Regierens, den er weder

Herzogin Anna Amalia, Gemälde
von Johann Georg Ziesenis,
um 1765

ablegen konnte noch wollte, machten seinen Mitstreitern manch-
mal arg zu schaffen. Doch wenn es galt, kulturellen und wissenschaftlichen Fortschritt zu fördern und zu verteidigen, konnte man
auf den Herzog zählen; da war er der «Mann von viel Geist», von
dem Madame de Staël gesprochen hatte. Nicht von ungefähr stieg
um 1800 auch die zum Herzogtum gehörende Universität Jena zu
einer der führenden Hochschulen Europas auf. Der aufklärerische
Zeitgeist und die bürgerliche Literatur und Wissenschaft erfuhren
in Weimar durch den Herrscher und seine Weggefährten über
Jahrzehnte kontinuierliche und beharrliche Förderung.

Wir als Bürger und Gäste Weimars im zu Ende gehenden
20. Jahrhundert sehen diese große Zeit in der Geschichte der Stadt
heute mit anderen Augen. Wir bekennen uns zu Weimar und zu seinen kulturellen Zeugnissen und Traditionen, wir kennen aber auch
die wechselvollen Schicksale dieser Stadt in den fast zwei Jahrhun-
derten, die seit der klassischen Periode vergangen sind. Dauerhafte
Wirkung der immerfort wiedergedruckten und auf dem Theater er-
lebbaren klassischen Werke steht neben Gebrauch und Mißbrauch
im Dienste der verschiedenen Zeitströmungen, die von ironischer
Distanz bis zur Ablehnung, ja Gegnerschaft reichen. Doch dem
Ruf Weimars hat das letztlich wenig Abbruch getan, den Strom
der Besucher, der seit der Öffnung der Goethestätten im Jahr
1886 einsetzte, nicht geschmälert. Immer wieder suchen die Menschen unserer Tage die Begegnung mit der Vergangenheit. Es
gibt eine gesunde Neugier, diesen «Mythos» Weimar zu erleben,
vielleicht aus diesem Erleben auch ein Stück ganz persönlicher
humanistischer Lebenshilfe in unserer komplizierten Gegenwart zu
gewinnen.

Doch liegt die unverminderte Anziehungskraft dieser besonderen
Stadt nicht auch darin begründet, daß sie sich keineswegs nur auf
ihre klassische Periode reduzieren läßt und auch nicht reduzieren
lassen will? Oft hört man im Ausland, wenn man den Namen Weimar ausspricht: «Ah, Weimarer Republik!» Es gehört zur wechselvollen neueren Geschichte dieser Stadt, daß sie auch zum Geburtsort der sehr bald gescheiterten ersten Demokratie auf deutschem
Boden wurde. Der 1919 viel beschworene «Geist von Weimar» war
allein nicht imstande, diese «Weimarer Republik» davor zu bewahren, eine leichte Beute jener Kräfte zu werden, die Deutschland in
die tiefste Barbarei seiner Geschichte stürzten. Noch vor der allgemeinen «Machtergreifung» der Nationalsozialisten 1933 saßen sie

in Thüringen und Weimar «legal» im Sattel, errichteten danach vor den Toren der Stadt die Hölle von Buchenwald. So wurde dieser Ort «zugleich der beste und der schlechteste in der deutschen Geschichte» (Anna Seghers auf dem Internationalen Schriftstellertreffen 1965 in Weimar). Das ist der Gegenpol zu Robert Schumanns enthusiastischem Weimarbild von 1828; es gibt noch Anlaß genug, daß dieser Gegensatz in unserem Gedächtnis bleiben muß.

Doch immer wieder ist auch daran zu erinnern, daß das «Beste» in der Geschichte Weimars die friedlichste Sache von der Welt ist, nämlich die Geschichte von Literatur, Kunst und Musik. Zu besonderer Größe erhob sich diese Kultur immer dann, wenn sie sich erneuerte, wenn sie neue Impulse aussandte, die über das Althergebrachte, Erstarrte hinausgingen. Und das begann schon in der Zeit des Humanismus und der Reformation. Erinnern wir uns: Bürger Weimars waren auch Lucas Cranach d. Ä., der junge Johann Sebastian Bach, nach der Klassik Franz Liszt, die Künstler der Weimarer Malerschule, um die Wende zum 20. Jahrhundert der Philosoph Friedrich Nietzsche, danach Henry van de Velde und Harry Graf Kessler, schließlich die später weltberühmten Künstler und Architekten, die sich im «Staatlichen Bauhaus» zusammenfanden.

Im vorliegenden Büchlein werden ausgewählte und sehenswerte Zeugnisse in Bild und Text kurz vorgestellt, nicht in Form der üblichen touristischen Stadtrouten, sondern in der Zuordnung zu Perioden der Literatur- und Kulturgeschichte von der Renaissance bis in unser Jahrhundert. Dabei wird auch um umstrittene Erscheinungen der jüngeren Zeit, die im Stadtbild unübersehbar sind, kein Bogen gemacht. Vielleicht werden auf diese Weise die Zeitumstände und Zusammenhänge besser deutlich, unter denen das noch heute Ansehenswerte, falls es die Zeiten überdauert hat, aber auch Befremdendes entstanden ist.

1993 hatte Weimar von der Europäischen Union den ehrenvollen Auftrag erhalten, 1999 als «Kulturstadt Europas» die Traditionen wie die Kultur unserer Zeit für mehr Gäste denn je zum Erlebnis werden zu lassen. Die Begeisterung aller Beteiligten, die Vielfalt der kulturellen Höhepunkte im «Kulturstadtjahr» haben Weimar an der Schwelle zum neuen Jahrhundert enorme Impulse verliehen. Schauen wir diese lebendige Stadt an. Sie will aufmerksam betrachtet und erlebt werden und gibt uns dann auch manche gute und bedenkenswerte Antwort.

Renaissance und Barock
Vom Werden einer kleinen Residenz
mit großer Zukunft

Diese statt Weimar/in welcher die Hertzogen von Sachsen iren be-
rümbten Sitz und lüstige hofhaltung haben/ist mit gantz lüstigen Ge-
bäuden/so wol gemeinen/als auch eigenen Bürgershäusern geziert

(Georgius Braun: Contrafactur und Beschreibung von den vornembsten
Stetten der Welt. Band 3. Köln 1581)

Der Stich von 1642 aus Matthäus Merians bekanntem topographi-
schen Werk «Theatrum Europaeum» (S. 13) zeigt eine typische
Kleinresidenz in der Blütezeit des Feudalabsolutismus: Hinter dem
hochaufragenden, burgähnlichen Schloß mit ebenfalls imposanten
Nebengebäuden ducken sich die Bürgerhäuser, zusammenge-
schnürt durch eine turmbewehrte Stadtmauer. 1547 war die Stadt
zur Hauptresidenz der ernestinisch-sächsischen Herzöge geworden,
nachdem Johann Friedrich der Großmütige in der Schlacht bei
Mühlberg vom Heer Kaiser Karls V. geschlagen worden war und
dadurch seine Kurwürde und Residenz Wittenberg verloren hatte.
Der frühe Protestantismus hatte ein gutes Verhältnis zu den Künstlern, besonders wenn sie als Porträtisten oder Buchkünstler zur
Verbreitung der neuen Lehre Luthers beitrugen. Die Verbindung zu
Lucas Cranach d. Ä., dem bedeutenden deutschen Renaissancema-
ler, war so eng, daß dieser dem Herzog in dessen fünfjährige Gefan-
genschaft folgte und danach, 1552, mit ihm in die neue Residenz
Weimar einzog. Einiges zum äußeren Ansehen dieser Stadt mußte
nun geschehen. Von den damals errichteten Bauten des mit nach
Weimar übernommenen kurfürstlich-sächsischen Hofbaumeisters
Nicol Gromann und seiner unmittelbaren Nachfolger ist zwar der
damals errichtete Schloßkomplex nach mehreren verheerenden
Bränden nur noch in wenigen Teilen erhalten, einige schöne Bürgerhäuser aus dieser Zeit zieren jedoch als repräsentative Zeugnisse
der Renaissance-Architektur noch heute die Stadt. Sie sind besonders am Markt und am Herderplatz zu finden. Wenn auch der
Marktplatz schon seit dem 14. Jahrhundert den Mittelpunkt des –
völlig vom feudalen Hof dominierten – städtischen Lebens gebildet
hatte, so erhielt er doch erst im 16. Jahrhundert seine noch heute
erhaltene oder wiederhergestellte bauliche Gestalt. Die östliche
Häuserzeile imponiert mit den Renaissancefassaden des *Stadthau-*
ses und des *Cranachhauses* (S. 14; Stadtplan-Nr. 16). Das 1526 bis
1547 erbaute Stadthaus diente der Handels- und Versammlungstä-
tigkeit und später immer mehr der Geselligkeit; das Weimar Goe-

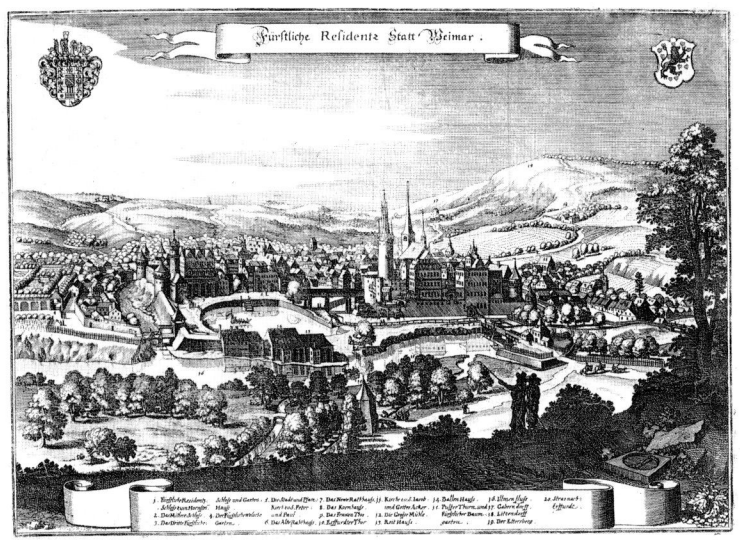

thes vergnügte sich hier bei Bällen, Redouten und anderen Festlich-
keiten. Im letzten Weltkrieg durch Bomben zerstört, wurde es 1968
bis 1971 mit historischer Fassade wiederaufgebaut und ist heute mit
der Touristik-Information und der im historischen Gewölbe wie
früher untergebrachten Gaststätte «Ratskeller» ein Anziehungspunkt für die vielen Besucher in der Innenstadt. Das anschließende
Gebäude, ein 1547 bis 1549 von Nicol Gromann erbautes Doppelhaus,
wurde als Wohnstätte Lucas Cranachs d. Ä. in seinem letzten Le-
bensjahr 1552/53 berühmt. Er wohnte hier bei seinem Schwieger-
sohn, dem fürstlichen Kanzler Christian Brück. Über einem der großen unteren Fensterbögen findet man Cranachs Wappen, die
geflügelte Schlange. Daß in dem 1972 zu Cranachs 500. Geburtstag
restaurierten Haus heute eine Kunstgalerie mit wechselnden Ver-
kaufsausstellungen ihren Platz hat, ist eine glückliche Verbindung
von Tradition und gegenwärtigem Kunstleben.
    In diesem Haus entwarf Cranach das *dreiflügelige Altargemälde*
für die *Stadtkirche St. Peter und Paul* am heutigen Herderplatz, in
der seit 1525 die evangelisch-lutherische Glaubenslehre vertreten
wurde. Sein Sohn, Lucas Cranach d. J., vollendete das 1555 aufge-
stellte Triptychon (S. 15; Stadtplan-Nr. 12). Erstmals war in Weimar

ein Kunstwerk von europäischem Rang entstanden. Umgeben von
der herzoglichen Familie auf den Seitenflügeln des Altars wird auf
der Mitteltafel die Kreuzigung Christi zum Sinnbild einer neuen
Frömmigkeit, eines innigen persönlichen Verhältnisses zu Gott und
Gottes Sohn. Die Grenzen der Zeiten sind aufgehoben, der Maler,
Lucas Cranach d. J., stellt seinen Vater und den Reformator neben
den Gekreuzigten. Demonstrativ zeigt Luther auf den Bibeltext als
dem Urgrund der evangelischen Lehre, Cranach selbst trifft ein
gnadenspendender Blutstrahl aus der Wunde Christi.
    Wenden wir uns nach diesem Abstecher zur Stadtkirche, die als
Wirkungsstätte Johann Gottfried Herders meist «Herderkirche» genannt wird, wieder dem Markt zu. Auf seiner Südseite befindet sich
das wohl bekannteste Weimarer Hotel «Elephant», das durch Thomas Manns Roman «Lotte in Weimar» in die Weltliteratur einge-
gangen ist. Leider genoß es im «Dritten Reich» die besondere Vor-
liebe der Herrschenden, so daß das alte Gebäude 1938 durch einen
modernisierten Neubau ersetzt wurde (S. 68; Stadtplan-Nr. 17). Das
Nebengebäude,   ein   äußerlich   bescheidenes   Renaissancehaus,
konnte jedoch über die Zeiten erhalten werden, erfährt zur Zeit
eine gründliche Rekonstruktion. Es beherbergte über vier Jahrhun-

Stadtkirche St. Peter und Paul
(Herderkirche), Altargemälde von
Lucas Cranach d. Ä., vollendet von
Lucas Cranach d. J., 1555

15

derte die älteste Gaststätte Weimars «Zum Schwarzen Bären». Die
gegenüberliegende *nördliche Marktseite* wurde erst in jüngster Zeit
nach ihrer völligen Zerstörung im Krieg in Annäherung an die historischen Fassaden wiederaufgebaut (S. 17; Stadtplan-Nr. 17). Besonders attraktiv wirkt der wieder eingebaute Renaissance-Erker
der 1993 neueröffneten «Hofapotheke», die sich seit 1567 an dieser
Stelle befand. Auch der Brunnen vor der Apotheke geht auf einen

in dieser Zeit errichteten steinernen Löwenbrunnen zurück. Die Neptun-Figur wurde allerdings erst 1774 von Martin Gottlieb Klauer, dem «Bildhauer des klassischen Weimar», geschaffen. Heute sieht man eine Kopie des im Museum aufbewahrten empfindlichen Sandsteinoriginals. Die Inschrift, das trotzige «Quos ego» («Euch werd ich!»), welches Neptun den Stürmen und Wogen des Meeres entgegenschleudert, ist Vergils «Aeneis» entnommen.

Auch am Herderplatz, der als «Töpfenmarkt» ursprünglich der Mittelpunkt des mittelalterlichen Weimar war, hat sich mit dem sogenannten Deutschritterhaus ein 1566 errichteter prächtiger Renaissancebau erhalten. Der *Kasseturm* am heutigen Goetheplatz ist ein Bauzeuge aus dem 15. Jahrhundert (S. 19; Stadtplan-Nr. 11). Er wurde allerdings 1775 um ein Stockwerk erhöht und nahm danach die «Landschaftskasse», eine herzogliche Finanzbehörde – daher der heutige Name des Turmes – auf. Als Studentenclub ist er mit seiner interessanten historischen Innenarchitektur seit 1962 ein begehrter Treffpunkt der jungen Weimarer Akademiker.

Wenn auch der Weimarer Fürstenhof politisch bis zur Mitte des 18. Jahrhunderts eher ein Schattendasein führte, für die Kultur war er oft eine gute Adresse. Die «Fruchtbringende Gesellschaft», die bedeutendste deutsche Sprachgesellschaft des 17. Jahrhunderts, wurde nach dem Tod ihres ersten Patrons, Ludwigs von Anhalt-Köthen, seit 1651 von Weimar aus geleitet, nachdem sie 1617 auch im Weimarer Schloß gegründet worden war. Der Dichter Georg Neumark (1621–1681) wirkte als ihr Sekretär und Geschichtsschreiber. Besondere Förderung am Weimarer Hof genoß auch die Musik. 1683 wurde, nach Anfängen in früheren Jahrzehnten, eine Hofkapelle gegründet. Von musikgeschichtlichem Interesse ist sie als Wirkungskreis des jungen Johann Sebastian Bach, der 1708 bis 1717 als Hoforganist, Violinist und später Konzertmeister hier tätig war. Diese Weimarer Zeit Bachs wird heute von der Forschung als der Durchbruch des Komponisten, vor allem für die von Bach geschaffene Kantatenform, gewürdigt. Die Texte für Bach schrieb der Weimarer Dichter Salomo Franck. Daß Bach in Unfrieden von Weimar schied, gehört in das Kapitel des mißlungenen Umgangs mit Künstlern.

Im frühen 18. Jahrhundert hatte das kleine Herzogtum mit Herzog Ernst August (1688–1748) einen typischen absolutistischen «Souverän», der wie viele deutsche Kleinfürsten dieser Zeit den französischen «Sonnenkönig» Ludwig XIV., der ihn persönlich

huldvoll zur Audienz in Versailles empfangen hatte, mit untaugli-
chen Mitteln nachahmte und damit sein Land an den Bettelstab
brachte. Dennoch sind einige seiner vielen, teilweise kurzlebigen
Schloßbauten heute bemerkenswerte Zeugnisse des Barock und Rokoko, so das mittlere Schloß in Dornburg oder die Anlagen in Ettersburg und *Belvedere* bei Weimar (S. 20; Stadtplan-Nr. 2 und 38).
Der Name «Belvedere» nach dem berühmten Palais des Prinzen
Eugen in Wien drückt schon den Anspruch aus, den der Herzog mit
seinem Sommersitz südlich von Weimar verband. Das 1724 bis
1732 von Johann Adolf Richter und dem «Barockbaumeister Thü-
ringens», Gottfried Heinrich Krohne, errichtete Schloß bildet den
Mittelpunkt einer größeren Anlage mit Kavaliershäusern, Orangerie und einem ehemals rein barocken Park, der allerdings um 1800
zum Landschaftspark umgestaltet wurde. Heute ist Belvedere eine
vielbesuchte Stätte der Erholung mit Rokokomuseum und Porzel-
lansammlung im Schloß sowie einer interessanten Sammlung historischer Kutschen und Wagen in der Orangerie. Vieles von den
zur Goethezeit berühmten Pflanzensammlungen des «Hortus Belve-
dereanus» mit ihren eindrucksvollen exotischen Bäumen und Ge-
wächsen ist erhalten und wird liebevoll von den Gärtnern gepflegt
und im Sommer zur Schau gestellt.

Auch für die Stadt selbst bringt die Barockzeit einige ansehnliche
Bauten. Hierzu gehören das Gymnasium am jetzigen Herderplatz
(erbaut 1712–1716) und das heutige *Goethehaus am Frauenplan,*
das der Kammerkommissar Georg Caspar Helmershausen 1709 als
damals repräsentativstes Bürgerhaus der Stadt erbauen ließ (S. 22;
Stadtplan-Nr. 25). Baumeister Krohne versah 1729 bis 1732 den
mächtigen Schloßturm mit einer eleganten barocken Haube, die
noch heute ein Wahrzeichen der Silhouette Weimars ist.

Nachdem die von 1759 bis 1775 regierende Anna Amalia die zer-
rütteten Staatsfinanzen stabilisieren konnte, kam im Einklang mit
den energischen Bemühungen der Herzogin um den kulturellen
Fortschritt im vorklassischen Weimar auch das fürstliche und städ-
tische Baugeschehen wieder in Gang. Die barocken Traditionen
wurden dabei oft mit Elementen des Rokoko, der letzten Phase des
Barock, verbunden, aber – wie alles in dem nicht sehr reichen Weimar – gedämpfter und bescheidener als in den prächtigen Schlössern und Kirchen Süddeutschlands und Österreichs mit ihrem von
Goethe bespöttelten «Schnörkel- und Muschelwesen». Der Übergang zum Klassizismus kündigte sich an.

Ein Kleinod besonderer Art entstand, als das aus der Renaissance stammende «Grüne Schloß» 1761 bis 1766 zu einer Bibliothek umgebaut wurde. Der historische *Rokokosaal* mit seinen kostbaren Bücherschätzen, Gemälden und Skulpturen ist heute ein vielbewunderter Anziehungspunkt für die Gäste der Stadt (S. 21; Stadtplan-Nr. 14). Repräsentation und kulturelles Bekenntnis verbinden sich zu vollendeter Harmonie. Goethe selbst führte von 1797 bis zu seinem Tode 1832 die Oberaufsicht über die damalige Herzogliche Bibliothek. Die zielstrebig vermehrten Büchersammlungen (um 1830 ca. 130 000 Bände) öffnete er der allgemeinen Nutzung. Heute trägt die *Bibliothek* am Platz der Demokratie den Namen ihrer Förderin *Anna Amalia* und ist mit ihren über 850 000 Bänden und bedeutenden Spezialsammlungen von mittelalterlichen Handschriften bis zur Buchkunst des frühen 20. Jahrhunderts als Forschungsbibliothek für deutsche Literatur und Kultur eine Stätte der Bewahrung und Erschließung dieses «großen Kapitals, das geräuschlos unberechenbare Zinsen spendet» (Goethe).

1757 hatte man begonnen, die innere und äußere südliche Stadtmauer abzureißen. Es entstand die «Esplanade», die heutige Schillerstraße. Ihren Anfang nimmt sie an dem 1767 vom Minister Jakob
Friedrich von Fritsch erbauten Barockpalais, das wenig später von
der Herzogin Anna Amalia übernommen wurde. Als sie 1775 die
Regentschaft ihrem Sohn Carl August übergeben hatte, wurde das
Haus als «Wittumspalais», also Witwensitz der Herzogin-Mutter,
ein Mittelpunkt des kulturell-geselligen Lebens im klassischen Weimar. Ein «Bilderbuch des guten Geschmacks» hat man das Palais
genannt. Der aufmerksame Besucher wird mit freudigem Gefühl an
dieses Haus zurückdenken, ist es doch ein Zeugnis harmonischer
Raumkultur jener Zeit. Anna Amalia ließ an das Hauptgebäude
einen niedrigeren Seitenflügel am heutigen Theaterplatz anbauen
und stattete sämtliche Räume nach ihrem Geschmack aus. Natür-
lichkeit und Klarheit der Formen und Farben bestimmen die Atmosphäre. Die teils kräftigen, teils dezenten Grundfarben der
Wände wie Rot, Blau, Gelb und Hellblau geben dem Wittumspalais
einen heiteren Charakter. Der klassizistische Festsaal ist noch heute
oft der Ort kulturell-literarischer Zusammenkünfte.

Goethehaus am Frauenplan,
Vorderfront

Weimar um 1800, nach einer Zeichnung von Georg Melchior Kraus

Mit dem nicht mehr erhaltenen «Redoutenhaus», der Stätte der
Uraufführung von Goethes «Iphigenie auf Tauris» 1779, wurde die
Bebauung der «Esplanade» fortgesetzt und damit die Grenze des
spätmittelalterlichen Stadtkerns endgültig überschritten. Heute bildet die Schillerstraße als Teil der Fußgängerzone die «Schwing-
achse» des innerstädtischen Lebens, erfüllt von der Sprachenvielfalt
der sommerlichen Touristenströme.

So nahm Weimar, durch seine geographische Lage abseits der
großen Handelswege benachteiligt, aber gefördert durch das Engagement seiner Herrscher und Bürger, an der Schwelle zu seiner
klassischen Periode auch äußerlich allmählich die Züge einer repräsentativeren höfisch-städtischen Residenz an.

Klassizismus als Lebensform
Weimar wird Deutschlands «literarisch-gelehrte Hauptstadt»

Weimar hat den Ruhm einer wissenschaftlichen und kunstreichen Bildung über Deutschland, ja über Europa verbreitet

(Johann Wolfgang Goethe: Memorandum an den Großherzog Carl August vom 10. 12. 1815)

Weimar in seiner klassischen Zeit um 1800 tritt uns auch äußerlich verändert entgegen. Der Blick auf die Stadt nach einem Stich von Georg Melchior Kraus zeigt die vertraute Silhouette der Schlösser, Kirchen und Gebäude im Ilmtal in einer veränderten Natur. Nicht mehr die künstlichen Anlagen und strengen Gärten der barocken Residenz, sondern eine offene Parklandschaft lädt den Reisenden ein, diese Stadt zu betreten. Es ist die Regierungszeit des Herzogs Carl August (1757–1828), dessen Land dank seiner dynastischen Verbindungen mit Preußen und Rußland 1815 auf dem Wiener Kongreß zum Großherzogtum erhoben wird. Die von der Persönlichkeit des Herzogs bestimmten Jahrzehnte zwischen 1775 und 1828 haben diesen Kleinstaat tiefgreifend geprägt, ihn in Europa berühmt gemacht. Der heutige *Platz der Demokratie* mit dem 1875 aufgestellten *Reiterstandbild Carl Augusts* von Adolf Donndorf gehört zu den eindrucksvollsten Plätzen der Stadt (S. 24; Stadtplan-Nr. 14 und 15). Dem berühmten Denkmal des weisen Kaisers Marc

Aurel auf dem römischen Capitol nachgebildet, verbindet die Silhouette des Reiters mit imposanter Symbolik die Perioden der
neueren Kulturgeschichte Weimars: Links das von Anna Amalia,
der Mutter Carl Augusts, zur Bibliothek umgebaute «Grüne
Schloß», eine vollkommene Synthese von Renaissance und Rokoko
und zugleich des kulturellen Willens des «aufgeklärten» Hofes,
rechts das «Fürstenhaus», ein 1770 bis 1774 entstandener barocker
Bau mit späterer klassizistischer Fassade. Dieses «Fürstenhaus»
wurde zur ersten Residenz Carl Augusts, als er im September 1775
achtzehnjährig die Regierung übernahm, denn das große Residenz-
schloß war 1774 einem verheerenden Brand zum Opfer gefallen.

Zur Zeit der Weimarer Republik Sitz des Thüringer Landtags, hat
das Gebäude seit 1950 die Hochschule für Musik aufgenommen,
die 1956 den Namen Franz Liszts erhielt. Das Haus ist stets vom
Klang lebendigen Musizierens erfüllt, zur Freude aller Vorüberge-
henden auf dem Weg vom Stadtzentrum zum Schloß und zum nahen Park an der Ilm.

1803 kehrte die Hofhaltung in das wiederaufgebaute Residenz-
schloß zurück. Nicht zuletzt unter Goethes tätiger Mitarbeit in der
Schloßbaukommission waren bemerkenswerte Raumschöpfungen
entstanden; so vor allem der *Festsaal,* mit dem damit verbundenen
repräsentativen Treppenhaus ein Kleinod klassizistischer Innenarchitektur (Stadtplan-Nr. 13). Er war wie die «Falkengalerie» im
Westflügel des Schlosses vor allem das Werk des Berliner Architekten Heinrich Gentz. Das Schloß und sein zur Zeit Carl Augusts viel-
fach verändertes Umfeld der Straßen, Plätze, umgebauten oder
neuerrichteten Gebäude verkörpern jenen Klassizismus als Lebensform, der über seine steinernen Zeugnisse hinaus auch noch für
den Besucher aus unseren Tagen als Idee nachempfunden werden
kann. Dieses Lebensprinzip, durch das Weimar damals zur «litera-
risch-gelehrten Hauptstadt» Deutschlands (Madame de Staël) wer-

den konnte, fand seine Gestalt in einem neuen Verhältnis von Fürstenhof und Bürgertum. Dieses Nebeneinander, das im «klassischen Weimar» wie an wenigen deutschen Orten zum Miteinander wurde, ist das noch heute erlebbare Geheimnis des «Mythos» Weimar.

Kurz vor dem Ersten Weltkrieg wurde die Südseite des Schloßkomplexes durch einen neobarocken Zweckbau geschlossen und damit die freie Verbindung der für Thüringen typischen Dreiflügelanlage zum Park gestört. Nach der Abdankung des letzten Großherzogs während der Novemberrevolution von 1918 wurden 1923 im Schloß die Kunstsammlungen zu Weimar eingerichtet. Die ehemals herzoglichen Sammlungen und die seitdem erworbenen Bestände repräsentieren eine bedeutende Schau deutscher und internationaler Kunst vom Spätmittelalter bis in die jüngste Zeit. Ihre Glanzstücke sind neben den klassizistischen Räumen des Schlosses selbst die Cranach-Galerie, die Niederländer-Sammlung, die deutsche Malerei des Klassizismus und der Romantik, schließlich die Werke der «Weimarer Malerschule» aus der zweiten Hälfte des vorigen Jahrhunderts, die Zeugnisse zum «Staatlichen Bauhaus» und Werke der Gegenwartskunst.

Als Goethe in seinem «Memorandum» von 1815 vom Ruhm Weimars gesprochen hatte, tat er dies ohne Anmaßung, eher im Sinne einer patriotischen, ja europäischen Verpflichtung. «Dadurch ward herkömmlich», so schreibt er weiter, «sich in zweifelhaften literarischen und artistischen Fällen hier guten Rats zu erholen. Wieland, Schiller, Herder haben so viel Zutrauen erweckt, daß bei ihnen dieser Art Anfragen oft anlangten ... Mir Überbliebenen ist ein großer Teil jener nicht einträglichen Erbschaften zugefallen.» Sofort treten hier die vier «Weimarer Riesen» in unser Blickfeld. Wieland, der schon 1772 als Prinzenerzieher von Erfurt gekommen war; Goethe selbst, den der junge Herzog im November 1775 wenige Wochen nach seinem Regierungsantritt nach Weimar geholt hatte; Herder, der – nicht zuletzt durch Goethes Empfehlung – 1776 als Generalsuperintendent und Oberhofprediger berufen wurde. Schiller, der jüngste in dieser Reihe, traf 1787 erstmals in der Stadt ein, die inzwischen zum literarischen Zentrum und deshalb für den mittellosen «freien» Schriftsteller zum Anziehungspunkt geworden war. In der Tat gingen von Weimar literarische Publikationen aus, wurden Zeitschriften und literarische Almanache herausgegeben, gab es das «Landes-Industrie-Comptoir» des rührigen Verlegers und Unternehmers Friedrich Justin Bertuch – all das förderte die bürgerlichen Literaten auch finanziell. Jedes neu erschienene Werk der bekannten Schriftsteller lenkte den Blick der Zeitgenossen wiederum auf die Stadt an der Ilm. Die aufblühende Universität im benachbarten Jena, ein Hort der neuen «kritischen» Philosophie Immanuel Kants, zog Studenten und Gelehrte in Scharen an. Der 1794 in Jena geschlossene Schaffensbund Goethes mit Schiller bildete ohne Zweifel den Gipfelpunkt des literarischen Ruhms Weimars bis zu Schillers frühem Tod 1805. Vor allem die gemeinsame Arbeit für das Weimarer Theater bewog Schiller, 1799 mit seiner Familie von Jena für immer nach Weimar zurückzukehren. Vom «Wallenstein» bis zum «Wilhelm Tell» wurden – mit Ausnahme der «Jungfrau von Orleans» – alle Meisterdramen Schillers am Weimarer Hoftheater uraufgeführt.

Die räumliche Hülle des «klassischen Weimar» mit den fürstlichen Schlössern, aber auch mit den Straßenzügen und -winkeln, Plätzen und Wohnhäusern der Stadt und den Erinnerungsstätten an die Persönlichkeiten dieser Zeit hat sich in vielerlei Hinsicht über zwei Jahrhunderte hinweg erhalten. Kulturerfülltes historisches Fluidum in dieser Dichte ist nicht oft anzutreffen. «Bei uns in Weimar gibt es dergleichen wie weite Wege nicht; unsere Größe beruht im Geistigen», läßt Thomas Mann in «Lotte in Weimar» den Kellner Mager sagen, den Prototyp jener unnachahmlichen Verquickung von bewußtem Stolz und naiver Provinzialität, die man auch heute noch im Gespräch mit «Urweimaranern» antreffen kann. Haben wir hier die traditionelle populäre Kehrseite des «Klassizismus als Lebensform»? Entscheidend ist wohl die ganz persönliche Begegnung mit der Vergangenheit. «Sofortiges Erkennen ... Fühlbare Beteiligung unseres ganzen Vorlebens an dem augenblicklichen Eindruck», hatte der – wahrlich nicht ein «Nachklassiker» zu nennende – Franz Kafka 1912 in Weimar in sein Tagebuch geschrieben und damit die Empfindungen wiedergegeben, die unzählige Menschen beim Besuch des Goethehauses, aber auch der anderen Weimarer Erinnerungsstätten spüren.

Das breite Treppenhaus im *Goethehaus am Frauenplan* mit den berühmten niedrigen Stufen, die ein hastiges Gehen nicht geraten erscheinen lassen, ließ Goethe 1792, anknüpfend an das Vorbild des verehrten Palladio, einbauen (S. 28; Stadtplan-Nr. 25). Mit seinem klassizistischen Dekor und den aufgestellten Kunstwerken läßt der Aufgang ein prächtiges Palais erwarten. Aber man erlebt das

zweckmäßig eingerichtete Haus eines Kunstsammlers und tätigen
Menschen, der die repräsentativeren Vorderräume und das bescheidene Hinterhaus mit Arbeitszimmer, Schlaf- und Sterbezimmer sowie Privatbibliothek sorgsam zu trennen weiß. Zum Herzog Carl
August, der ihm dieses Haus 1794 übereignete, äußerte Goethe
1806, daß er es «nicht zum Wohlleben, sondern zu möglicher Verbreitung von Kunst und Wissenschaft» eingerichtet und genutzt
habe. Der Raum, dem die Kolossalbüste der römischen Göttin *Juno
Ludovisi* seinen Namen gab, hat als offizielles Empfangszimmer
des Staatsmannes und Dichters unzählige Berühmtheiten gesehen.
Man kam seit etwa 1800 ohnehin vor allem deshalb nach Weimar,
um eine persönliche Begegnung, ja vielleicht ein geistreiches Gespräch mit einem der bedeutenden Weimarer Köpfe, möglichst mit
Goethe, zu erreichen.

Im Haus am Frauenplan waren nicht nur deutsche Zeitgenossen
wie die Brüder Humboldt und Schlegel, die Philosophen Hegel und
Schelling, natürlich alle wichtigen Mitbürger und Literaten aus
Weimar selbst, sondern auch die Dichter Hölderlin, Jean Paul, No-
valis, Bettina und Achim von Arnim, Heine und viele andere zu

Gast. Dazu aus Europa der Österreicher Grillparzer, der Engländer Thackeray, der Pole Mickiewicz, der Russe Shukowski, die schöne und kluge Französin de Staël nicht zu vergessen. An dem im Juno-Zimmer aufgestellten Streicher-Flügel hat der junge Felix Mendelssohn-Bartholdy in den Jahren zwischen 1821 und 1830 mehrmals den Hausherrn und seine Gäste durch sein Spiel verzaubert. Goethes Freund, der Berliner Komponist Carl Friedrich Zelter, hatte seinen Schüler Mendelssohn mitgebracht. Es galt als höchste Auszeichnung, wenn Goethe nach dem Diner im benachbarten Gelben Saal oder während eines Gesprächs dem Gast in einem der anschließenden Räume Werke seiner Kunstsammlung oder Stücke aus seinen umfangreichen naturwissenschaftlichen Sammlungen vorwies und erläuterte oder ihn gar bat, dem «Hausporträtisten» Johann Joseph Schmeller zu einer Zeichnung für das noch heute wohlerhaltene künstlerische «Gästebuch» zur Verfügung zu stehen.

Goethe, Schiller und ihre Mitstreiter, aber auch die Herzogin Anna Amalia und ihr Sohn Carl August umgaben sich mit der Kunst der Antike und Renaissance, deren von Winckelmann gepriesene «edle Einfalt und stille Größe» tief nachempfunden wurden und auch ihre eigenen Kunstanschauungen und literarischen Werke prägten. Klassizismus wurde so auch zu einer persönlichen, intim gepflegten Lebensform.

Goethes Arbeitszimmer im Hinterhaus – so erhalten und ausgestattet wie zur Stunde seines Todes – ist nicht nur die Welt, in der so bedeutende Werke wie der «Faust», die Autobiographie «Dichtung und Wahrheit» und unzählige Gedichte entstanden, hier arbeitete auch der Wissenschaftler Goethe, wie man an den naturwissenschaftlichen Geräten und Experimentiermaterialien erkennt. Der «Weltgeist» fehlte nie in diesem Kraftfeld, wie zwei Medaillons aus Gips und Bronze des von Goethe bewunderten Napoleon bezeugen, die Goethe im mittleren Teil seines Schreibsekretärs – rechts und links neben einem Jupiter-Medaillon! – anbrachte (S. 32). Auf einer Tabelle an der Tür zu dem kleinen Schlaf- und Sterbezimmer mit dem bescheidenen Fichtenholzbett und dem breiten Lehnsessel notierte Goethe bis zuletzt wichtige politische, literarische und wissenschaftliche Ereignisse sowie seine Wetterbeobachtungen.

Nicht ohne Tragik ist das *Arbeitszimmer des Dichterfreundes Friedrich Schiller* im nahe gelegenen Schillerhaus. Schiller ließ in den letzten Monaten seines Lebens das Bett in das Arbeitszimmer stellen, um ohne Verzug in den wenigen Stunden, die ihm noch vergönnt waren, am letzten, unvollendeten Werk, dem «Demetrius»-Drama, arbeiten zu können. Es scheint, als hätte der Dichter seinen Schreibtisch gerade erst verlassen (S. 33, oben; Stadtplan-Nr. 20). Am 9. Mai 1805 nahm hier der Tod dem erst 46jährigen Schiller die Feder aus der Hand.

Schiller hatte das 1777 erbaute Haus gekauft und im April 1802 mit seiner Familie, seiner Frau Charlotte und drei (später vier) Kindern, bezogen. Zuvor wohnte er seit seiner Rückkehr nach Weimar in der benachbarten Windischengasse zur Miete. Nur drei Jahre konnte er sich der angenehmen Lage an der mit viel Grün umgebenen, noch wenig bebauten «Esplanade», erfreuen. In der Mansarde hatte der Dichter, der wegen seiner schweren Krankheit besonderer Ruhe bedurfte, seine Zimmer. Im mittleren, dem *Gesellschaftszimmer,* empfing er seine Freunde und Gäste, darunter die Schauspieler des Weimarer Theaters, mit denen er die Rollen seiner neuen Stücke las (S. 33, unten). Erst Jahrzehnte nach Schillers Tod wurde das Haus, das die Stadt Weimar 1847 gekauft und damit gerettet hatte, Schritt für Schritt wieder als Erinnerungsstätte für die vielen Verehrer des Dichters und Dramatikers eingerichtet. 1986 bis 1988 fand eine gründliche bauliche und museale Umgestaltung statt. Der Besucher erlebt das gesamte historische Wohnhaus in einer rekonstruierten Gestalt, mit der eine Brücke zur Atmosphäre des Hauses zu Lebzeiten Schillers, seiner Witwe und der heranwachsenden Kinder geschlagen werden soll.

Geselligkeit war ein wichtiges, gleichsam selbstverständliches Element des literarisch-kulturellen Lebens im «klassischen Weimar». Die Zahl der Gesellschaften und Kränzchen, in denen neue literarische Werke, Lieder oder Musikstücke vorgetragen wurden, wo man zeichnete, stickte, Karten spielte oder sich einfach unterhielt, war groß. Goethe war ein begehrter Gast und bemühte sich auch selbst, solche Zirkel zu betreiben. Der bekannteste Kreis dieser Art wurde aber von einer Fürstin gebildet, die *«Tafelrunde» der «Herzogin-Mutter» Anna Amalia.* An ihren Sommersitzen Schloß Ettersburg und Tiefurt, im Winter im Wittumspalais in der Stadt gegenüber dem Hoftheater scharte sie adlige und bürgerliche Schöngeister um sich, auch Gäste von außerhalb waren willkommen. Die Vitalität und Unkompliziertheit der Herzogin, fern jeden Standesdünkels, hielt einen Kreis zusammen, der zwischen unverbindlichem Scherz, ernsthaftem philosophisch-ästhetischem Gespräch und literarisch-musikalischer Kunstausübung viele Spielar-

ten kannte. Nicht zufällig ist Goethes humanistische Ode «Edel sei
der Mensch, hülfreich und gut ...» erstmals im «Tiefurter Journal»,
einer nur handschriftlich vervielfältigten Zeitschrift, zu lesen gewesen. Georg Melchior Kraus' um 1790 entstandenes Aquarell der
«Tafelrunde» zeigt die Vielfalt und Ungezwungenheit in der Be-
schäftigung ihrer Mitglieder, unter denen sich – mit der Herzogin
als Mittelpunkt – Goethe, Herder und Mitglieder der kleinen Hof-

Schillerhaus, Gesellschaftszimmer

Tafelrunde der Herzogin Anna
Amalia, Aquarell von Georg
Melchior Kraus, um 1790

haltung der Fürstin wie die geistreiche Hofdame Luise von Göch-
hausen befanden. Beim Vergleich mit dem historischen Zimmer im
Wittumspalais macht man die interessante Entdeckung, daß der
Zeichner seine Personen der Bildkomposition wegen um einen
rechteckigen Tisch plaziert hatte, während der echte Tisch im *Ta-
felrundenzimmer* natürlich rund ist (S. 35; Stadtplan-Nr. 21).

Das 1767 erbaute Wittumspalais erfuhr zur Zeit Anna Amalias
eine Reihe von Veränderungen und Erweiterungen. Der Leipziger
Maler Adam Friedrich Oeser, ein führender Vertreter der klassi-
stischen Kunsttheorie, war als Berater und ausführender Künstler
bis zu seinem Tod 1799 häufiger Gast. Von ihm stammt unter anderen das erst kürzlich restaurierte Deckengemälde im Festsaal des
Palais, einem eindrucksvollen, im klassizistischen Stil umgestalteten Raum, der auch als Ort der feierlichen Zusammenkünfte der
Freimaurerloge «Anna Amalia zu den drei Rosen» diente und heute
der 1991 erneuerten Loge wieder dient.

Geselligkeit – das war auch ein Leitgedanke für die vielfachen
Versuche, im Weimar dieser Jahrzehnte Theater zu spielen, zuerst
in Form des «Liebhabertheaters», dann wieder seit 1791 mit einem
eigenen Ensemble des Hoftheaters, das über ein Vierteljahrhundert

von Goethe selbst geleitet wurde. Der Weimarer Theaterstil, er-
probt auch an eigenen Stücken Goethes und vor allem an den großen Dramen Schillers, entwickelte sich zum besonderen Ausdruck
hochstilisierter künstlerischer Darstellung. Intensiv widmete man
sich auch dem Singspiel und der Oper. Mozarts große Opern wurden kurze Zeit nach ihrer Uraufführung auch in Weimar gespielt,
allein die «Zauberflöte» achtzigmal.

Weimars klassizistische Lebensform ist jedoch nicht denkbar
ohne die einfühlsamen Beziehungen zur Landschaft und Natur. Es
entstand jener Kranz englischer Landschaftsparks und -gärten, der
noch heute die Stadt umgibt. Von Belvedere im Süden über den
Park an der Ilm bis nach Tiefurt und im weiteren Verlauf des Ilmflusses bis zu Wielands ehemaligem Landsitz Oßmannstedt zieht
sich ein grüner Zug. Große Verehrung genoß Jean-Jacques Rous-
seau, der sich leidenschaftlich zur Einfachheit, Größe und Schönheit der Natur bekannt hatte. Literatur und Kunst nahmen diese
Ideen lebhaft auf. Am Hofe des vitalen, jungen Weimarer Herzogs
wurden sie gelebt und tätig auf die umgebende Natur übertragen.
Nicht Einengung oder gar Beschneidung, sondern Formung der na-
turgegebenen Landschaft war das Ziel der Umgestaltung des Ilm-

tals, die 1778 begann und sich über Jahrzehnte in Etappen vollzog
(Stadtplan-Nr. 31). Das Vorbild war der Wörlitzer Park des Fürsten
Leopold Franz von Dessau.

Die Natur war zum Partner des um seine geistige und seelische
Freiheit ringenden Menschen geworden. Die gestaltete Parklandschaft sollte eine Natur voller Emotionen sein. «Empfindsame» Ele-
mente wollten zu Gedanken über Werden und Vergänglichkeit von
Geschichte und Leben und zu poetischem Gefühl hinführen. So ver-
anlaßte der Freitod des Hoffräuleins Christel von Laßberg im Ilmfluß Goethe, im Januar 1778 ein ungewöhnliches Denkmal zu
schaffen: «Ich habe mit Jentschen [Hofgärtner Gentzsch] ein gut
Stück Felsen ausgehöhlt, man übersieht von da ihre letzten Pfade
und den Ort ihres Todes», schreibt er an Charlotte von Stein. Goethes eigene Zeichnung zeigt diese *Felsentreppe* in ihrer noch heute
vorhandenen, leicht veränderten Gestalt (S. 36; Stadtplan-Nr. 31). In
den anschließenden Jahren wurden der felsige Hang weiter gestaltet und die breiten Flächen im Tal vergrößert. «Sentimentale»
Denkmäler wie künstliche Ruinen, Grotten, Sphinxe und steinerne
Monumente fügten sich ein. Eines der bekanntesten ist der 1787

von Klauer nach antikem Vorbild entworfene *Schlangenstein*; seine
Inschrift «Genio huius loci» («Dem Geist dieses Ortes») ist gleichsam zum Wahlspruch für die harmonische Verbindung von Geist,
Natur, Literatur und Kunst geworden (S. 37; Stadtplan-Nr . 32).
    Die besondere Schönheit des Landschaftsparkes erwächst aus
dem Wechsel intimer Plätze, Parkarchitekturen, schöner Baumgruppen und weiter Durchblicke. So grüßt den Besucher von wei-
tem schon *Goethes Gartenhaus* mit dem hochaufragenden grauen
Dach am östlichen Rand des Parkes (Stadtplan-Nr. 33). Carl
August hatte im Frühjahr 1776 Goethe dieses Häuschen geschenkt,
um ihn an Weimar zu binden. Nun konnte der Dichter auch das
Weimarer Bürgerrecht erhalten. Nach Herzenslust hat er sein
neues Besitztum und das «liebe Gärtchen vorm Tor an der Ilm
schönen Wiesen» erneuert und gepflegt. Bis 1782 war es Goethes
Hauptwohnung, bis zuletzt fand er hier Zuflucht vor den Mühen

und Lasten der irdischen Existenz am Hofe und in dem großen
Haus in der Stadt mit seinen Repräsentationspflichten.

Gegenüber dem Gartenhaus, auf dem westlichen Steilufer der
Ilm, leuchtet in strahlendem Weiß zwischen dem Grün der Bäume
und Gehölze das 1792 bis 1797 als Sommerwohnung für Carl
August erbaute *Römische Haus* (Stadtplan-Nr. 34). Als schönstes
Zeugnis der um 1800 einsetzenden, völlig klassizistischen Vorstellungen verpflichteten Parkgestaltung ist es einem römischen Land-
haus nachgebildet. Das nach Plänen des Hamburger Architekten
Johann August Arens erbaute Haus wird von Goethe, der auf Bitten
des Herzogs die Bauausführung und Innengestaltung überwachte,
als das «erste Gebäude, das im ganzen in dem reinern [d. h. rö-
misch-klassizistischen] Sinne der Architektur ausgeführt wird», gerühmt. Die Salons des Hauses begeistern noch heute den Besucher
durch die Schönheit der Farben und Dekors der Decken und

Wände, durch die harmonische Verbindung von Raumarchitektur, Möbeln, Plastiken, Porzellanvasen und Gemälden.

Welch unterschiedliche Reize der klassische Landschaftspark durch seine Anpassung an die natürlichen Gegebenheiten auf uns ausüben kann, zeigt der *Park von Tiefurt* (S. 42; Stadtplan-Nr. 4). Wenige Kilometer von der Stadt entfernt, ist er eingebettet in einen langgestreckten Bogen des Ilmflusses und beeindruckt durch die Weite seiner Wiesen, die von schönen alten Baumgruppen gegliedert werden, auch von Monumenten wie dem Herder- oder Mozartdenkmal. Der kleine Tempel mit der grazilen Figur der Muse des ernsten Gesangs, Polyhymnia, nahe dem Flußufer bezeichnet die Stelle heiteren Treibens des Kreises um Anna Amalia in den Sommermonaten. Bemerkenswerte Theateraufführungen fanden hier in der freien Natur statt, so die des Goetheschen Singspiels «Die Fischerin» im Juni 1782 mit der schönen Corona Schröter, der einzigen Berufsschauspielerin und -sängerin des «Liebhabertheaters», in der Titelrolle. Das nicht sehr große Tiefurter Schloß, eigentlich ein Gutspächterhaus, wurde von Anna Amalia nach ihrer großen Italienreise «auf Goethes Spuren» 1788 bis 1790 geradezu leidenschaftlich mit Kopien antiker Skulpturen und Zeichnungen antiker Monumente und italienischer Landschaften ausgefüllt.

Die Landschaftsparks sind wohl die lebendigsten Zeugnisse der Lebensform des «klassischen Weimar», denn sie erneuern sich ständig im ewigen Kreislauf der Natur, unterstützt von der sorgsamen Hand des Gärtners. Sie sind auch der Ort, wo sich die Begegnung mit den humanistischen Ideen der klassischen deutschen Kunst und Literatur am ungezwungensten, gewissermaßen als Alltag, für die Bürger der Stadt und ihre Gäste vollzieht.

Weimar hatte in seiner klassischen Blütezeit das große Glück, daß es Künstler hervorbrachte oder von außen gewinnen konnte, die neue ästhetische Vorstellungen praktisch umsetzen konnten. So wie die Maler Georg Melchior Kraus, Heinrich Meyer oder Ferdinand Jagemann und der Bildhauer Martin Gottlieb Klauer das damalige Gesicht der Stadt, ihrer Parks und ihrer führenden Persönlichkeiten für die Nachwelt festgehalten haben, wurden die Bauten von Clemens Wenzeslaus Coudray steinerne Zeugen dieser Zeit. Von 1816 bis zu seinem Tod 1845 wirkte Coudray als Oberbaudirektor im Großherzogtum Sachsen-Weimar. «Hätte ich den vor 50 Jahren gehabt!», bemerkte Goethe 1829 zu Eckermann. Coudray verstand es, die klare klassizistische Formensprache mit Zweckdien-

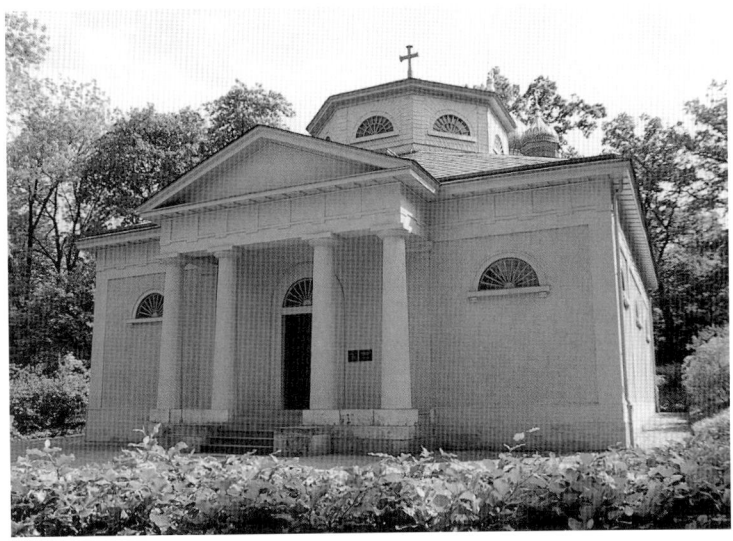

lichkeit zu verbinden. Die von ihm entworfenen und bebauten Straßenzüge wie unter anderen die heutige Wieland- und Heinrich-Heine-Straße erweiterten die Stadt endgültig über ihren ursprünglichen Mauerring hinaus. Auch repräsentative Bauten wie die «Bürgerschule» von 1825 oder die heutige Kunsthalle am Theaterplatz wurden von ihm entworfen, der eindrucksvollste davon ist die zwischen 1822 und 1827 erbaute *Fürstengruft* auf dem 1818 eingerichteten neuen Friedhof (Stadtplan-Nr. 35). Als Mausoleum für die großherzogliche Familie seit Carl August nahm sie auch die Sarkophage Goethes und Schillers auf. Im reizvollen Kontrast zur klassizistisch-strengen Fürstengruft erheben sich dahinter die vergoldeten Zwiebeltürme einer russisch-orthodoxen Grabkapelle, die 1860 bis 1862 für die Großherzogin Maria Pawlowna, eine russische Zarentochter, erbaut wurde.

Die steinernen und ideellen Zeugnisse der klassischen deutschen Kunst und Literatur in Weimar sind ohne Zweifel ein kräftiger Fixpunkt in der Begegnung mit der «Kulturstadt Europas 1999». Auf uns wirken werden sie aber nur, wenn wir sie nicht als Gegenstand reiner Verehrung, sondern als etwas Lebendiges und Nützliches begreifen:

«Ältestes bewahrt mit Treue,
Freundlich aufgefaßtes Neue.
Heitern Sinn und reine Zwecke:
Nun! Man kommt schon eine Strecke.»
(Goethe, 1817)

Der Historismus des 19. Jahrhunderts
Weimar in seinem «Silbernen Zeitalter»

Unsere Zukunft wird unsere Vergangenheit sein

(Gottfried Theodor Stichling 1883 im Weimarer Landtag)

»Weimar ist ja nicht mehr, was es vordem gewesen ist, aber sein Name bleibt dem Freunde der Bildung immer heilig» – so beschreibt der schwedische Schriftsteller Bernhard von Beskow die zwiespältigen Gefühle der Weimarbesucher, die kurz nach Goethes Tod die Stadt erlebten. 1828 war der Großherzog Carl August gestorben, vier Jahre nach ihm Goethe als der letzte der großen Dichter aus Weimars klassischer Zeit. Wie so oft, wenn eine Blütezeit sehr eng mit dem Wirken einzelner Persönlichkeiten verknüpft ist, drohte die Gefahr, nun in die Mittelmäßigkeit zu versinken. Die niemals überwundene ökonomische Rückständigkeit des kleinen Landes, aber auch die schon von den Zeitgenossen Goethes bemerkte Kluft zwischen dem geistigen Anspruch der führenden Köpfe und dem Philistertum des Durchschnittsbürgers bestimmten nun zunehmend das Image der Stadt in den Augen ihrer Gäste, vor allem wenn sie aus den aufstrebenden großen Städten oder Residenzen kamen. «Alles unglaublich eng und klein! ... Die Zunge rein überflüssig; einer weiß, was der andere denkt, bevor er den Mund noch auftut ... In Weimar muß man entweder Goethe oder – sein Schreiber sein!», notiert 1858 enttäuscht der aus Wien kommende Dramatiker Friedrich Hebbel, der anfangs nicht abgeneigt gewesen war, sich in Weimar niederzulassen.

Eine Lithographie aus dieser Zeit zeigt Weimar von der Höhe des neuen Bahnhofs im Norden der Stadt (S. 44; Stadtplan-Nr. 3). Schon 1846 war die Eisenbahnstrecke Weimar–Weißenfels eröffnet und in den folgenden Jahrzehnten zügig nach Westen, Osten und Norden verlängert worden, so daß der durchgehende Verkehr bis Kassel, Halle, Dresden oder Gera möglich war. «Mir ist nicht bange, daß Deutschland nicht eins werde; unsere guten Chausseen und künftigen Eisenbahnen werden schon das ihrige thun», so hatte Goethe 1828 die positiven Wirkungen der damals einsetzenden kapitalistischen Entwicklung gegenüber Eckermann beschrieben. War nun zwar Weimar endgültig an die modernen Verkehrswege angebunden, so zeigt doch der Blick vom Bahnhof hinunter über das freie Feld zur Stadt im Ilmtal geradezu symptomatisch die noch vorhandene Kluft zwischen traditioneller Realität und neuer, vom industriellen Fortschritt geprägter Zeit.

   Die Großherzogin Maria Pawlowna und ihr Sohn Carl Alexander, der 1853 die Regierung übernahm, erkannten, daß Sachsen-
Weimar nur durch den energischen Rückgriff auf die unmittelbare
große Vergangenheit und durch neue kulturelle Entwürfe vor dem
Fall in die Bedeutungslosigkeit bewahrt werden konnte. Bewußt
wurde nun die Idee eines «Silbernen Zeitalters» in Anknüpfung an
das «Goldene Zeitalter» des «klassischen Weimar» verfochten. Die
damit verbundene «Musenhoflegende» fand nicht überall geneigte
Ohren; Heinrich Heines bissig-satirisches Wort vom «Musenwit-
wensitz» in seinem «Tannhäuser»-Gedicht von 1836 gibt die kriti-
sche Distanz der jüngeren Dichtergeneration wieder. Doch in Weimar blieb man konsequent; man sah auch die nationale Mission
dieser Stadt. «Die Pflichten Weimars gegen Deutschland sind bekannt. Sie sind die natürlichen und unausbleiblichen Folgen seiner
Vergangenheit. Diese Vergangenheit muß der Gegenwart gebieten,
um die Zukunft vorzubereiten», schreibt Carl Alexander 1856.
   Der, an den diese Worte gerichtet waren, wurde zur Zentralge-
stalt einer neuen künstlerischen Blütezeit – Franz Liszt. Nachdem
er seit 1841 mehrmals als Klaviervirtuose und Dirigent gastiert
hatte, trat er 1848 als Hofkapellmeister und Leiter des Musikthea-
ters fest in weimarische Dienste. Mit Liszt kam ein Künstler von europäischem Format nach Weimar. Das Musikleben nahm durch

ihn einen bedeutenden Aufschwung. Mit den Uraufführungen des «Lohengrin» von Richard Wagner (1850) und eigener Kompositionen Liszts wie verschiedener Klavierkonzerte und der von ihm neu entwickelten Gattung der sinfonischen Dichtungen wurde Musikgeschichte geschrieben. Dem geistigen Erbe der Klassik fühlte sich Liszt tief verbunden, verlieh ihm aber durchaus eigene, vorwärtsweisende Akzente. So mit seinen Vertonungen von Liedern Goethes und Schillers, seiner «Faust»-Sinfonie (1857) und dem Entwurf für eine «Goethe-Stiftung» (1849), mit der er die Idee literarisch-künstlerischer Festspiele auf hohem Niveau verband. Man kann ihn deshalb auch zu den Vordenkern des heutigen Weimarer Kunstfestes zählen.

Doch bald gab es Spannungen zwischen Liszt und der Weimarer Gesellschaft. Argwöhnisch wurde der Künstlerkreis beobachtet, den Liszt und seine Lebensgefährtin, die Fürstin Carolyne Sayn-Wittgenstein, in der «Altenburg», fast symbolisch hoch über dem offiziellen Weimar am anderen Ufer der Ilm, um sich versammelten (Stadtplan Nr. 8). Dem von Liszt und seinen Freunden 1854 begründeten «Neu-Weimar-Verein» war kein langes Leben beschieden; mit seinem Wahlspruch «Wir freuen uns am Alten, doch Neues zu gestalten, treibt mächtig uns der Geist» hatte er den Konflikt mit «Alt-Weimar» heraufbeschworen. 1861 beendete Liszt, von der «alltäglichen spießbürgerlichen Existenz» in dieser Stadt enttäuscht und verbittert, seine Tätigkeit für das Weimarer Theater.

Den guten persönlichen Beziehungen zum Großherzog ist es wohl zu danken, daß es kein Abschied für immer wurde. Von 1869 bis zu seinem Tod in Bayreuth 1886 hielt sich Liszt in den Sommermonaten wieder in Weimar auf. Im Hofgärtnerhaus, das ihm als Wohnung zur Verfügung gestellt wurde, umgab er sich mit einem großen Kreis von Schülern und Verehrern. Auch die Gründung der ersten deutschen Orchesterschule durch Carl Müllerhartung 1872 in Weimar unterstützte er nach Kräften. Sie wurde zur Keimzelle der heutigen Musikhochschule, die seit 1956 Franz Liszts Namen trägt. Pietätvoll wurde die Erinnerung an den großen Komponisten und Musiker bewahrt. In Liszts Arbeitszimmer und den anderen Räume des *Liszthauses* spürt man die eigene Atmosphäre dieser zweiten Weimarer Schaffensperiode, jene Verbindung von fast asketischer persönlicher Bescheidenheit und der schöpferischen Ausstrahlungskraft einer großen Persönlichkeit (S. 46; Stadtplan Nr. 30).

Das Beispiel Franz Liszts zeigt, daß eine erneute großzügige Kulturförderung in Weimar auf Schwierigkeiten stieß. Liszts Wirken wurde weitgehend aus der «Privatschatulle» Maria Pawlownas finanziert, die als russische Zarentochter mit ständigen Zuwendungen rechnen konnte. Die landständische Verfassung, mit der Carl August 1816 als einer der wenigen deutschen Fürsten das Versprechen einlöste, das man dem Volk im Befreiungskampf gegen Napoleon gegeben hatte, und die damit verbundene Reform der Staatsbehörden schränkten die absolute Stellung des Herrschers ein. Kulturförderung war nicht mehr nur von der Entscheidung eines einzelnen abhängig, man mußte damit rechnen, daß einflußreiche Kräfte in der Regierung neuen Ideen die Zustimmung versagen konnten. Persönliches Mäzenatentum, in erster Linie durch das großherzogliche Haus, wurde ein wichtiges Element der Kulturentwicklung in Weimars «Silbernem Zeitalter».

Das intensive, meist konservativ geprägte Verhältnis zur Geschichte hatte in der städtebaulichen Entfaltung Weimars Lösungen von unterschiedlicher architektonischer Überzeugungskraft zur Folge. Festzuhalten bleibt aber, daß nicht nur das Fürstenhaus seine Residenz attraktiver auszugestalten suchte, sondern daß auch

die wachsenden bürgerlichen Kräfte sich als Bauherren betätigten. Sie traten vor allem als Beamte, mittelständische Unternehmen, Handels-, Banken- und Versicherungsfirmen, teilweise von überregionaler Bedeutung, in Erscheinung. Oft spielten Moderichtungen eine besondere Rolle. So wurde der traditionelle klassizistische Stil 1841 beim Neubau des abgebrannten *Rathauses* durchbrochen und der neogotische Entwurf von Heinrich Heß dem klassizistischen Projekt Clemens Wenzeslaus Coudrays vorgezogen (Stadtplan-Nr. 18). Andererseits errichtete Coudrays Nachfolger, der Oberbaudirektor Ferdinand Streichhan, noch 1860 mit dem «Lesemuseum» am heutigen Goetheplatz einen streng klassizistischen Bau getreu dem Vorbild des Nike-Tempels auf der Athener Akropolis. Hier war wohl der Geschmack Maria Pawlownas, die das Geld für dieses Domizil der Weimarer Lesegesellschaft gab, ausschlaggebend. Es entstand ein noch heute reizvoller Kontrast zum alten *Kasseturm* (S. 19; Stadtplan-Nr. 11) und durch das verbindende langgestreckte klassizistische Bauwerk der «Erholungs»-Gesellschaft (heute Jugendzentrum «Mon ami») eine eindrucksvolle Gebäudezeile, gewissermaßen eine «Kulturachse» von Antike, Mittelalter und Klassizismus, die dem Platz wesentlich zu seiner Rolle als zwei-

tem Zentrum der endgültig über ihre einstigen Grenzen hinaus-
wachsenden Stadt verhalf (Stadtplan-Nr. 10).

Auch in den folgenden Jahrzehnten dominierte ein ausgeprägter
Historismus, das heißt der Rückgriff auf verschiedenartige frühere
Baustile. Nicht zuletzt die Italienleidenschaft Carl Alexanders
führte zu einer betonten Anlehnung an die Architektur der italienischen Renaissance venezianischer und Florentiner Prägung. Ein erster Höhepunkt historistischer Architektur entstand mit dem 1869
vollendeten Kunstmuseum. Die neue, vom Bahnhof ausgehende Allee fand damit einen markanten Abschluß. Das von dem bedeutenden tschechischen Architekten Josef Zitek entworfene Gebäude bildete mit dem Vimaria-Brunnen und dem zu einer Parkanlage
umgestalteten Tal des Asbachs ein harmonisches städtebauliches
Ensemble und zugleich einen vorzüglichen Übergang zur Altstadt
(S. 66; Stadtplan-Nr. 5). Die Eingangsfassade mit der großen Frei-
treppe fügte bekannte Architekturelemente der italienischen Hoch-
renaissance – Rundbogengalerie und risalitartig vorspringende
Ecktürme mit klassizistisch-strengem Architrav – in eindrucksvol-
ler Weise zusammen. Auch im Innern entstanden Säle, die den

künstlerischen Funktionen dieses ersten musealen Zweckbaus in Thüringen voll gerecht wurden. In den dreißiger Jahren unseres Jahrhunderts wurden der später als «Landesmuseum» bekannte Bau und sein Umfeld in die Monumentalarchitektur des «Gauforums» eingezwängt; seine städtebauliche Faszination ging unwiderbringlich verloren. Bis in die jüngste Zeit erlebte das Museum ein wechselvolles Schicksal, auf das noch zurückzukommen sein wird.

Auch bei den Wohnvillen vermögender Bürgerfamilien, bei den damals neu errichteten Schulen, Versicherungsgebäuden und anderen dominierten der Hang des wilhelminischen Zeitalters zur Repräsentanz – das großherzogliche Haus war mit dem deutschen Kaiserhaus verwandtschaftlich eng verflochten – und Architekturzitate, die der italienischen Renaissance direkt entnommen wurden. Auf diese Weise erhielten viele dieser Gebäude das imposante Aussehen italienischer Palazzi. Selbst bei einem reinen Zweckgebäude wie dem 1885 errichteten *Historischen Staatsarchiv* am Rande des Ilmparks, das im Innern moderne Eisenkonstruktionen verwendete, strebte man die Repräsentanz eines italienischen Stadtpalais an (S. 48; Stadtplan-Nr. 27). Gegen Ende des vorigen Jahrhunderts entstand der Wunsch, für die wachsende katholische Gemeinde eine eigene Kirche zu erbauen. Bezeichnenderweise legte der Architekt Max Meckel auf ausdrücklichen Wunsch Carl Alexanders einen Entwurf nach italienischem Vorbild vor, ja die neue Kirche wurde zu einer direkten Nachahmung des berühmten Florentiner Domes, in dem sich Spätgotik und Frührenaissance in einmaliger Weise vereinen. So kam Weimar mit der 1891 geweihten *«Herz Jesu»-Kirche* zu einer Kopie der berühmten Domkuppel von Brunelleschi und des Campanile von Giotto (S. 51, oben; Stadtplan-Nr. 24).

Wenige Jahre danach, im Juni 1896, wurde das auf einem Steilhang der Ilm erbaute repräsentative Gebäude des *Goethe-* und *Schiller-Archivs* eröffnet. Architektonisch imitierte der Entwurf von Hofbaumeister Otto Minckert die frühklassizistische Fassade des «Petit Trianon» im Park von Versailles (S. 51, unten; Stadtplan-Nr. 7). Als Stätte der Bewahrung und Erforschung der Quellen der klassischen deutschen Literatur wurde das Archiv zum Wahrzeichen einer neuen Epoche in der jüngeren geistigen Geschichte Weimars. 1885 war in Leipzig der letzte Enkel und Erbe Goethes, Walther von Goethe, verstorben. Sein Testament durchbrach den Kreis, mit dem Goethes Hinterlassenschaft bis dahin abgeschirmt worden war. Das Haus am Frauenplan, das Gartenhaus im Park und Goethes umfangreiche Sammlungen gelangten in die Verantwortung des sachsen-weimarischen Staates; der gewaltige literarische Nachlaß wurde jedoch der Großherzogin Sophie, Carl Alexanders Gattin, persönlich übereignet. Nachdem auch der Nachlaß Schillers 1889 von dessen Erben wieder nach Weimar zurückgegeben worden war, entstand das erste deutsche Literaturarchiv. Ihm flossen später weitere bedeutende literarische Hinterlassenschaften Weimarer Schriftsteller wie Wieland, Herder, Bertuch und anderer, aber auch die von Hebbel, Mörike, Büchner und vielen anderen zu. Es wurde zu einer Ehre, literarische Handschriften dem Goethe- und Schiller-Archiv zu übergeben oder für dieses Archiv zu erwerben. Auch der Nachlaß Franz Liszts fand hier seinen Platz. Das Archiv ist noch heute das größte und bedeutendste deutsche Literaturarchiv, eine Stätte internationaler Forschungsarbeit, mit der die kostbaren Quellen unserer nationalen Literatur und Kultur erschlossen und in gesicherten neuen Textausgaben herausgegeben werden.

Die Gründung des Goethe-Nationalmuseums und der Goethe-Gesellschaft, – auch sie war durch das Testament von 1885 möglich geworden. Schon 1859 bzw. 1864 hatten die Deutsche Schillerstiftung und die Deutsche Shakespeare-Gesellschaft Weimar zu ihrem Sitz erwählt. Wie würde man mit der neuen Chance, ein Mekka des modernen Kultur- und Kongreßtourismus zu werden, umgehen? Diese Frage wird von nun an die Entwicklung der Stadt begleiten. Äußerlich war in einem Punkt vorgesorgt: Zwischen 1850 und 1875 erhielten alle Großen des «klassischen Weimar» von Wieland bis Carl August ihr erzenes Monument. Am besten gelang zweifellos das 1857 enthüllte Doppelstandbild Goethes und Schillers von Ernst Rietschel. Mit der klassizistischen Fassade des Theaterneubaus von 1908 im Hintergrund wurde es zum weltbekannten Wahrzeichen Weimars so wie das Brandenburger Tor für Berlin oder der Eiffelturm für Paris, unendlich oft betrachtet, bewundert und – fotografiert.

Doch gehen wir noch einmal zur Jahrhundertmitte zurück. Der Historismus des «Silbernen Zeitalters» darf keinesfalls nur als Baugesinnung verstanden werden, er beeinflußte auch die in Weimar vertretenen Kunstauffassungen ganz allgemein. Die widerspruchsvolle Geschichte der 1860 gegründeten Großherzoglichen Kunstschule gibt dafür ein Beispiel. Mit seinem von echtem Kunstinter--

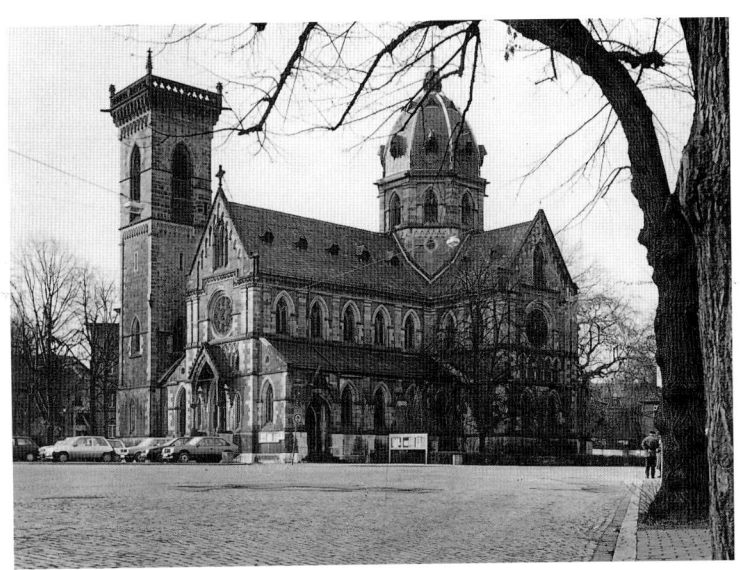

esse getragenen Mäzenatentum hatte Carl Alexander diese Gründung in die Wege geleitet und selbst finanziert. Gedacht war an die Pflege der Historien- und Genremalerei, nicht zuletzt in Verbindung mit der vom Großherzog eifrig betriebenen romantisierenden Erneuerung der Wartburg bei Eisenach. Doch es kam anders, als es sich Carl Alexander wünschte. Der mit der Gründung der Kunstschule beauftragte Maler Stanislaus Graf Kalckreuth war ein Vertreter der Landschaftsmalerei. So wurden neben Historienmalern auch Künstler wie Arnold Böcklin und Franz Lenbach nach Weimar berufen. Selbst wenn diese sich hier nicht wohlfühlten und nur zwei Jahre blieben, so wandten sich nach 1875 andere Lehrer der Kunstschule, aber auch neben ihr wirkende Maler wie Theodor Hagen, Albert Brendel, Karl Buchholz verstärkt der Freilichtmalerei und dem schlichten Naturmotiv zu. Als «Weimarer Malerschule» wurde diese neue Richtung bekannt und wirkte über Weimar hinaus anregend. Ihre besten Vertreter wie Hagen oder Christian Rohlfs fanden den Weg zum Impressionismus, der gegen Ende des Jahrhunderts, von Frankreich ausgehend, die europäische Avantgarde bestimmte. Wenn auch der Großherzog von dieser Entwicklung enttäuscht war, so hat er sie doch geduldet und dadurch ermöglicht, daß von Weimar am Ende seines «Silbernen Zeitalters» erneut wichtige künstlerische Impulse ausgingen.

Weimar an der Schwelle zum 20. Jahrhundert. Man konnte nur ahnen, daß das neue Säculum bald geschichtliche Eruptionen von ungewöhnlichen Dimensionen bringen würde. Konnte Weimars Zukunft weiter von der Vergangenheit bestimmt werden, wie es der Staatsminister Stichling, ein Enkel Herders, 1883 nochmals programmatisch formulierte? Neue Antworten auf die alten Fragen waren zu finden.

Jugendstil und «Staatliches Bauhaus»
Entstehen und Scheitern des «Neuen Weimar»

Nichts entsteht mehr an sich, jedes Gebilde wird zum Gleichnis eines Gedankens, der aus uns zur Gestaltung drängt

(Walter Gropius: Idee und Aufbau des Staatlichen Bauhauses. 1923)

Weimar zu Beginn des 20. Jahrhunderts. Die Stadt hatte innerhalb von 50 Jahren ihre Einwohnerzahl verdoppelt und zählte um 1900 annähernd 30 000 Bewohner. Eine Fotografie des Weimarer Meisterfotografen Louis Held zeigt uns den gleichen Blick vom Bahnhof auf die Stadt wie die ein halbes Jahrhundert früher entstandene Lithographie (S. 44 und 53; Stadtplan-Nr. 3). Aber es hatte sich manches verändert. Die Stadt begrüßt die ankommenden Gäste mit einem gepflegten, freundlichen Entrée. Der geschwungene Schienenweg der «Elektrischen», die 1899 ihren Betrieb aufgenommen hatte, lädt gewissermaßen zur Fahrt ins Zentrum durch die inzwischen bebaute Allee ein. Das Hotel «Kaiserin Augusta» – es trägt den Namen der Gemahlin Kaiser Wilhelms II., einer Schwester des weimarischen Großherzogs Carl Alexander – macht einen seriösen Eindruck. Die Häuser tragen allerlei Zierat im Geschmack eines modischen Historismus, am Ende der nach der Großherzogin Sophie benannten Straße leuchtet die breite Fassade des Kunstmuseums. Unverkennbar war die Stadt bemüht, sich auf eine neue Rolle einzustellen. Sie war zu einer Kleinresidenz im neuen deutschen Kaiserreich geworden, die aber als weltoffene Museums- und Touristenstadt erneut aus dem Kreis gleichgroßer Städte und Residenzen herausragte. Der 1893 gegründete «Verein zur Förderung des Fremdenverkehrs» warb gemeinsam mit der Stadtverwaltung unermüdlich durch «Reclame-Zettel» und Annoncen in großen deutschen und ausländischen Zeitungen, ja sogar auf D-Zug-Speisekarten für den Weimarbesuch, aber auch für Weimar als Wohnsitz, der «unvergleichlichen Gewinn und Hochgenuß an Herz und Gemüt» mit sich bringe. Gedruckte Stadtführer standen zur Verfügung, seit 1906 sogar schon in englischer Sprache. Sie waren vorzüglich bebildert mit den heute berühmten ersten Aufnahmen der nun öffentlich zugänglichen klassischen Gedenkstätten, die das seit 1882 bestehende Fotoatelier Louis Held als Souvenirs anbot. In Weimar, das auch Sitz des 1876 gegründeten «Deutschen Photographen-Vereins» und der Redaktion der «Deutschen Photographen-Zeitung» wurde, hatte man schnell die Bedeutung des modernen Bildmediums erkannt. Der Tourismus wurde immer mehr auch

zum ökonomischen Faktor für das Weimarer Gewerbe; für 1900
meldete die «Weimarische Zeitung» 49 952 Übernachtungen, 1912,
am Vorabend des Ersten Weltkriegs, waren es bereits 9 000 pro·Mo-
nat in der Sommersaison.

Seitdem wird das öffentliche und kulturelle Leben dieser Stadt
von zwei widerstreitenden Linien bestimmt: Die Präsentation und
«Vermarktung» der überkommenen kulturellen Sehenswürdigkeiten reibt sich an der genauso unentbehrlichen Notwendigkeit, ein
kulturelles Eigenleben zu haben, das dem heutigen Bürger Weimars und neuen Tendenzen unserer Zeit gerecht wird. Das komplizierte Spektrum dieser «Stadtkultur» bewegt sich zwischen den po-
lemischen Extremen des Vorwurfs «Museum Weimar» und der
ebenso engstirnigen Forderung «Weimar den Weimaranern». Aber
nur ein einfühlsames Verständnis dafür, daß die Weltoffenheit der
Stadt und ihrer kulturellen Traditionen sich mit ständiger Erneuerung verbinden muß, wird Stagnation verhindern und die Lebens-
kraft Weimars bewahren.

Die Geschichte des «Neuen Weimar» ist ein Lehrbeispiel dafür.
Die zunehmende Anziehungskraft der Kulturstadt Weimar um 1900

führte Menschen in die Stadt, die ihren Respekt vor der großen Vergangenheit durchaus mit Engagement für das neue Jahrhundert, für die Moderne, verbanden. Förderung erfuhren sie diesmal sogar von der Regierung. Der letzte Großherzog Wilhelm Ernst, der dem 1901 verstorbenen Carl Alexander nachfolgte, hatte wenig kulturelles Verständnis, mehr jedoch der liberale Staatsminister Karl Rothe, der 1901 das Kultusdepartement übernahm. Auch die gesunde Konkurrenz zu anderen kulturbewußten Höfen wie dem Hessen-Darmstädter unter Großherzog Ernst Ludwig, dem Förderer der Jugendstilbewegung, wirkte sich positiv aus. Mit Harry Graf Kessler und Henry van de Velde wurden zwei bedeutende Persönlichkeiten für Weimar gewonnen. Um sie gruppierte sich ein Kreis von Künstlern und Kunstfreunden, dem unter anderen der Direktor der Kunstschule, Hans Olde, und der Maler Ludwig von Hofmann angehörten. Weimars Ruhm als Zentrum der Literatur, Kunst und des Theaters zu erneuern, war das erklärte Ziel des «Neuen Weimar». In Kesslers Weimarer Haus, das er mit kostbaren Kunstschätzen ausstattete, traf sich bald die Welt. Die Dichter Rilke, Hofmannsthal, Gerhart Hauptmann, Richard Dehmel und André Gide kamen und lasen aus ihren Werken, Künstler wie Edvard Munch, Auguste Rodin oder Aristide Maillol weilten hier zu Gast.

Die seit 1880 eingerichtete «Permanente Kunstausstellung» wurde 1903 vom Staat als «Museum für Kunst und Kunstgewerbe» weitergeführt und Kessler zum ehrenamtlichen Direktor ernannt. Kessler, ein Mann mit weitreichenden Beziehungen, der in der französischen und englischen Kultur und Kunst ebenso zu Hause war wie in der deutschen, präsentierte mit Ausstellungen französischer Impressionisten und moderner Buchkunst aus England führende Kunstbestrebungen dieser Jahrzehnte. Der Ende 1903 dank seines Engagements in Weimar gegründete «Allgemeine Deutsche Künstlerbund» vereinte die wichtigsten deutschen «Sezessions»-Künstler und zeigte die großen Erwartungen, die man mit dem kulturellen Neuanfang in Weimar verband. Mit der antipreußischen Haltung des Bundes waren aber die Konflikte vorprogrammiert. Als Kessler 1906 Aktzeichnungen Rodins ausstellte, regte sich die reaktionäre Scheinheiligkeit der preußentreuen Hofgesellschaft in denunziatorischer Weise. Kessler trat empört und enttäuscht zurück, behielt jedoch neben seinen häufigen Reisen den Wohnsitz und den sich allerdings immer mehr verringernden Freundeskreis in Weimar. Mit der von ihm 1913 gegründeten, bis 1931 bestehen-

den «Cranach-Presse» erlangte Weimar den Ruf einer Pflegestätte
moderner internationaler Buchkunst. Dennoch, die Ansätze für
eine umfassende künstlerische Erneuerung waren zunächst ver-
spielt.

Der herrschende konservative Geist behinderte auch das Wirken
des bedeutenden belgischen Architekten und Malers Henry van de
Velde, der auf Empfehlung Kesslers 1902 nach Weimar berufen
wurde und hier die offiziell 1908 eröffnete Kunstgewerbeschule
gründete. Van de Veldes Kunstauffassungen gingen vom Jugendstil
aus, mit dem der gängige, steril gewordene Historismus überwun-
den werden sollte. Die natürlichen Bewegungen und Formen der
Natur, das dynamische und zugleich dekorative Zusammenspiel
von Linie und Fläche wurden wiederentdeckt, die geschwungene
Linie zum Grundornament. Van de Velde war ein universeller
Künstler, Architekt, Maler, Designer und Kunsthandwerker zugleich. Seine Bauten stellen eine große Bereicherung des heutigen
Stadtbildes dar. 1904 bis 1906 wurde ein eigenes Gebäude für die

Jugendstilfassade, Wohnhaus   57
Cranachstraße 1

neue *Kunstgewerbeschule* errichtet (S. 56; Stadtplan-Nr. 29). Die Gie-
belfront mit ihren großen, in sich gegliederten Fenstern wird durch
ein in Stein geformtes Hufeisen zusammengefaßt. Der Bau erhält
dadurch Mächtigkeit, gepaart mit eleganter Dynamik. Zusammen
mit dem 1911 fertiggestellten, ebenfalls von van de Velde mit entworfenen Neubau der 1910 zur «Hochschule für bildende Kunst»
erhobenen Kunstschule entstand ein neuer städtebaulicher Zentral-
punkt eingangs der Belvederer Allee nahe dem Ilmpark. Das von
der 1996 in Bauhaus-Universität umbenannten Hochschule ge-

nutzte Ensemble hat leider durch stilwidrige Ergänzungsbauten
und den Verlust seiner gartenkünstlerischen Einbindung viel von
seiner Aussagekraft verloren.

Durch van de Velde und mit ihm verbundene Architekten wurden neuentstehende Straßenzüge der sich ausdehnenden Stadt mit
repräsentativen Bauten im Jugendstil geschmückt, so beispielsweise mit dem *Haus Cranachstraße 1* (S. 57), unweit des ebenfalls
von van de Velde innen gestalteten Wohnhauses des Grafen Kessler, Cranachstraße 15. Wenn die teilweise vernachlässigten Fassaden dieser Häuser erneuert sein werden, könnte dieses Viertel um
die Cranach-, Gutenberg- und Humboldtstraße zu einer Pilgerstätte
für Jugendstil-Liebhaber werden, gewissermaßen eine steinerne Er-
gänzung zu der in den Kunstsammlungen des Schlosses und in einzelnen Ausstellungen angebotenen Kunst der Jahrhundertwende.

Auch van de Veldes eigenes Wohnhaus, das 1907 fertiggestellte
Haus «Hohe Pappeln» in der Belvederer Allee 58, wurde ein bemer-
kenswertes Beispiel einer Jugendstil-Villa. Seine wohlabgestimmte
Formenvielfalt, die funktionsgerechte und zugleich beschwingte

Raumstruktur und der harmonische Übergang in den Garten über die Terrasse sind beispielhaft. Auch dieses Haus wurde zu einem beliebten Treffpunkt der Anhänger des «Neuen Weimar».

Van de Velde war zugleich auch ein fähiger Innengestalter, vom Möbeldesign über Vasen, Tischservices bis zum Eßbesteck, auch die Buchgestaltung sei erwähnt. Die von ihm eingerichteten Kunst- und Ausbildungswerkstätten und die Zusammenarbeit mit geschickten Bauleuten, Möbeltischlern, Juwelieren, Töpfern und Buchbindern schufen ein neues Klima für die öffentliche Anerkennung und Wirksamkeit künstlerischer Intentionen, auch der finanzielle Ertrag dieser Arbeiten sei nicht vergessen. Sein Meisterstück als Innenarchitekt machte van de Velde mit den 1902/03 neugestalteten Räumen des *Nietzsche-Archivs*, besonders der *Bibliothek* (S. 61; Stadtplan-Nr. 37). Nach Jahrzehnten der Abschirmung sind sie seit 1990 wieder für die öffentliche Besichtigung zugänglich. 1897 war Elisabeth Förster-Nietzsche mit dem von ihr begründeten Archiv in das «Haus Silberblick» oberhalb der Stadt eingezogen. Hier vollzog sich das letzte Martyrium ihres schwerkranken, geistig umnachteten Bruders, des Philosophen Friedrich Nietzsche, bis zu seinem Tod am 25. 8. 1900. Van de Veldes Interieur, ergänzt durch die Nietzsche-Büste Max Klingers, wurde zu einer kongenial gestalteten Stätte der Bewahrung der Philosophie Nietzsches. Elisabeth Förster-Nietzsches Absicht, mit dem Umzug von Naumburg nach «Ilm-Athen» die Wirkung des Archivs nach außen zu verstärken, erwies sich als erfolgreich. In der ersten Weimarer Zeit dominierte noch nicht die egozentrische Prestigesucht der Schwester, die sie schließlich in die Arme der braunen Machthaber und zu Fälschungen in Nietzsches Briefen und Handschriften trieb. Durch die literarisch-musikalischen Abende und regelmäßigen geselligen Veranstaltungen im Nietzsche-Archiv machte sie sich um das Zusammenfinden des «Neuen Weimar» verdient. So berichteten ihre teilweise hochrangigen Gäste von der neuen kulturellen Blüte Weimars.

Der Chauvinismus im Vorfeld des Ersten Weltkrieges erschwerte zunehmend die Arbeit des «Ausländers» van de Velde. Mit der Schließung der Kunstgewerbeschule 1915 fand erneut ein Jahrzehnt engagierten Wirkens für die Erneuerung der Kunst ein Ende.

Es dauerte aber nur wenige Jahre, bis ein erfolgversprechender neuer Anfang möglich wurde. Mit der Novemberrevolution von 1918 und der Abdankung des letzten Großherzogs begann ein neuer Abschnitt in der Geschichte der Stadt. 1920 wurde Weimar

Hauptstadt des neugebildeten Landes Thüringen. Mehr noch, die Stadt gab dem neuen deutschen Staat seinen inoffiziellen, aber überall bald eingebürgerten Namen «Weimarer Republik», hatte doch die verfassungsgebende Nationalversammlung 1919 sieben Monate hier getagt. Kurz zuvor war der Tagungsstätte, dem früheren Hoftheater, der Name «Deutsches Nationaltheater» verliehen worden. Der «Geist von Weimar» wurde häufig bei der Gründung der neuen Republik beschworen. Es sollte sich aber bald zeigen, daß der Konflikt von Geist und Macht weiter andauerte. Auch Weimars eigene Entwicklung spiegelt die Tragödie des ersten Versuchs wider, in Deutschland eine dauerhafte Demokratie zu errichten.

Zunächst sah alles recht gut aus. Am 1. April 1919 – die Nationalversammlung tagte noch – wurde der Architekt Walter Gropius von der provisorischen weimarischen Regierung zum Leiter einer neuen Einrichtung berufen, die mit behördlicher Umständlichkeit als «Staatliches Bauhaus in Weimar – Vereinigte ehemalige Großherzogliche Hochschule für bildende Kunst und ehemalige Großherzogliche Kunstgewerbeschule» tituliert wurde. Damit trat eine neue Kunstidee ins praktische Leben, deren revolutionierende Wirkungen – damals noch keineswegs absehbar – die Architektur, Kunst und Formgestaltung des ganzen 20. Jahrhunderts veränderten und bis heute andauern. Lyonel Feininger, Gerhard Marcks, Paul Klee, Georg Muche, Wassily Kandinsky, László Moholy-Nagy – nur große Kunstmetropolen wie Paris und Rom oder vielleicht Berlin und München können sich rühmen, jemals in ihrer Geschichte einen so erlesenen Künstlerkreis vereint zu haben, wie ihn Gropius nach Weimar berief. Sie alle waren fasziniert von der Idee einer übergreifenden Vereinigung verschiedenster künstlerischer Disziplinen, deren Hauptziel zwar «der Bau» war, die aber aus dem Zusammenspiel und der gegenseitigen Bereicherung von Malerei, Bildhauerei, allgemeiner Gestaltungslehre, praktischer Formgestaltung in Holz, Metall, Keramik und Textil, ja der Verbindung zur Musik und zum Ballett völlig neue schöpferische Ansätze entwickelte. Es ging nicht um weltfremde «akademische» Selbstgenügsamkeit, sondern um praktische künstlerische Entwürfe für eine in Bewegung geratene komplizierte Realität. «Die Idee der heutigen Welt ist schon erkennbar, unklar und verworren ist noch ihre Gestalt ... Die neuaufdämmernde Erkenntnis der Einheit aller Dinge und Erscheinungen bringt aller menschlichen Gestaltungsarbeit einen gemeinsamen, tief in uns selbst beruhenden Sinn», – so be-

ginnt Gropius seine Programmschrift «Idee und Aufbau des Staatlichen Bauhauses» aus dem Jahr 1923, als das Bauhaus die Ergebnisse von vier Jahren angespannter Tätigkeit in einer großen Ausstellung vorstellte. Damals wurde auch das von Georg Muche entworfene *Musterhaus* oberhalb des Ilmparks, *Am Horn 61*, gebaut, das eine auf pragmatische Wohnverhältnisse und auf ständige Kommunikation gerichtete Baugesinnung vorstellte (S. 62, oben). Um einen quadratischen Zentralraum, der durch Oberlicht wie ein Atrium wirkt, gruppieren sich verschiedene kleinere Wohnräume.

Ein Blick in das *Foyer des Hauptgebäudes des Bauhauses* bezeugt, wie die von van de Velde vorgeprägte Architektursprache durch figürliche Plastik – in diesem Falle die «Eva» von Auguste Rodin – und dekorative Wandreliefs – geschaffen zur Bauhausausstellung 1923 von Joost Schmidt, nach ihrer Zerstörung im «Dritten Reich» erneuert 1976 von Hubert Schiefelbein – harmonisch bereichert wurde (S. 62, unten; Stadtplan-Nr. 29). Klare Formschönheit, Zweckmäßgkeit und technische Anwendbarkeit gemäß dem industriellen Fortschritt bestimmten die Arbeiten und Entwürfe der Bauhauswerkstätten, besonders gut erkennbar beispielsweise an

Musterhaus des «Staatlichen Bauhauses», Am Horn 61

Hochschule für Architektur und Bauwesen (frühere Kunsthochschule), Hauptgebäude, Foyer mit Treppenhaus

einer 1922 gefertigten *Kinderwiege von Peter Keler* (S. 64). Die ge-
stalterischen Grundelemente des Bauhauses – Rechteck, Dreieck
und Kreis – und die ihnen zugeordneten Farben Rot, Gelb und
Blau gehen eine ebenso nützliche wie ästhetisch gelungene Sym-
biose ein. Bekannte Beispiele für das Möbeldesign sind auch die
Sessel und Stühle von Marcel Breuer aus der gleichen Zeit.

Programmatisch für das grafische Schaffen wurde der Holz-
schnitt «Kathedrale» von Feininger, berühmt auch seine Grafiken
nach Motiven aus den umliegenden Orten des Landkreises Weimar
wie Gelmeroda, Taubach und Mellingen oder die in Weimar ent-
standenen farbigen Lithographiekompositionen Kandinskys. Ohne
Zweifel gibt es eine enge Verwandtschaft zu den Weimarer Bestre-
bungen Henry van de Veldes; insofern fanden wichtige Ideen und
Anregungen des «Neuen Weimar» in der Kunstidee des Bauhauses
einen fruchtbaren Boden. Die Sympathie der Bauhäusler mit der
jungen Weimarer Demokratie zeigt Walter Gropius' *Denkmal der
Märzgefallenen* auf dem Neuen Friedhof (Stadtplan-Nr. 36). Das im
Volksmund auch «Blitz» genannte Mahnmal entstand zu Ehren der
Opfer des Kapp-Putsches von 1920 in Weimar. In den dreißiger
Jahren teilweise zerstört, wurde es nach 1945 restauriert; das Bild
zeigt die ursprüngliche Fassung aus dem Jahre 1922.

Die Tätigkeit der Bauhauskünstler und ihr Lebensstil waren in Weimar nicht unumstritten. Kandinskys Frau Nina beschreibt in ihren «Erinnerungen» die gespannte Situation und das Mißtrauen gegenüber den «Fremden»: «Leider neigten ihre Bewohner ein biß-chen zum Provinziellen und Spießigen. Eine große Schar behäbiger Philister sonnte sich im Ruhme Goethes... Es gab eine elterlich-au-toritäre Drohung, die jedes aufsässige Kind aus Weimar schnell wieder zur Räson brachte: Ich schick' dich ins Bauhaus!»

Hinter diesen eher skurrilen Erscheinungen versteckten sich be-drohliche politische Haltungen. Als 1924 ein Block konservativer Parteien die Thüringer Landtagswahl gewonnen hatte, folgten trotz starker Proteste aus dem In- und Ausland Etatkürzungen und Kün-digungsdrohungen gegen das Bauhaus. 1925 mußte es seine Tätig-keit in Weimar einstellen. Nur wenige Jahre waren ihm in Dessau bis zu seiner endgültigen Auflösung in Berlin 1933 beschieden.

Für Weimar und Thüringen war die größte Chance, nach der klassischen Zeit wieder eine Kunststadt von europäischem Ruf zu werden, endgültig vertan. Musik, Architektur, bildende und ange-wandte Kunst, ja ein umfassendes modernes Kunstverständnis überhaupt, hätten in einmaliger Weise den literarischen Ruhm der Stadt auf Dauer ergänzt. Diese kühnen Entwürfe scheiterten. Doch weitere geistige und materielle Zerstörungen standen noch bevor.

Der Monumentalismus der dreißiger Jahre
Die Tragödie der «Weimarer Republik» und deren Folgen für die Stadt ihres Ursprungs

Ganz eigenartig berührte die Vermischung von Hitlerismus und Goethe. Weimar ist ja eine Zentrale des Hitlerismus

(Thomas Mann: Meine Goethereise. 1932)

Im März 1932 schaute die kulturelle Welt wieder auf Weimar. Der 100. Todestag Goethes wurde mit herausragenden Theateraufführungen, Ausstellungen und offiziellen Reden begangen. Diese Feierlichkeiten muten heute wie ein Grabgesang auf die Weimarer Republik an. Neben Thomas Manns Versuch, in seiner Rede Goethe als Repräsentanten des humanistischen Bürgertums zu würdigen, stand eine «Stunde der Deutschen Volksgemeinschaft». Dieser Begriff war längst auch in den Wortschatz der «Hitleristen» aufgenommen worden, deren Fußvolk und Hakenkreuz-Symbole demonstrativ die Stadt beherrschten, wie Thomas Mann beunruhigt notierte.

Für das Goethejubiläum hatte man das schon länger erwogene Projekt einer repräsentativen Kongreßhalle überhastet realisieren müssen. Die *Weimarhalle,* rigoros in das historische Bertuchsche Anwesen mit seinem «Baumgarten» hineingesetzt, war schon damals wegen ihrer nüchternen, plakativen Architektur umstritten. Dennoch wurde sie zu einem neuen Zentrum des kulturellen Lebens der Stadt und bis in die jüngste Zeit zum Schauplatz wichtiger Tagungen und Kongresse. Bei einer 1996 begonnenen Sanierung zeigte der einst schnell errichtete Leichtbau solche Mängel, daß er gänzlich abgerissen und durch einen modernisierten und erweiterten Neubau ersetzt werden mußte.

Wenige Wochen nach den Goethefeiern vom Frühjahr 1932 bildete sich nach vorzeitigen Landtagswahlen eine Regierung unter Führung des NSDAP-Gauleiters Fritz Sauckel. So konnten Thüringen und Weimar den traurigen Ruhm für sich in Anspruch nehmen, bereits vor dem Untergang der in Weimar begründeten ersten deutschen Republik durch Hitlers Machtantritt 1933 «legal» nationalsozialistisch regiert worden zu sein. Eine Periode brach an, in der trotz demagogischen Mißbrauchs der deutschen Klassik, so etwa in den Feiern zu Schillers 175. Geburtstag 1934, finsterste Unkultur um sich griff. Entsetzt mußte man zur Kenntnis nehmen, daß das Nietzsche-Archiv, einst einer der Treffpunkte des «Neuen Weimar», dank Elisabeth Förster-Nietzsches unverhülltem Flirt mit dem italienischen «Duce» und dem deutschen «Führer» zum belieb-

ten Besuchsziel Adolf Hitlers wurde. Romain Rolland, der große
französische Schriftsteller und Pazifist, trat unter Protest 1933 aus
der «Gesellschaft der Freunde des Nietzsche-Archivs» aus. Mit töd-
licher Konsequenz ging der Nationalsozialismus seinen Weg bis zur
Errichtung des Konzentrationslagers Buchenwald auf dem Ettersberg bei Weimar in den Jahren nach 1937, einer Stätte des Grauens
und tausendfachen Massenmords (S. 69).

Auch für das äußere Bild Weimars hatte die neue Ära verhee-
rende Folgen. Die eigentlich freundlich-heitere Stadt erlitt Schädi-
gungen, die nicht wieder gutzumachen sind. Monumentalistische
Großmannssucht und massig-steinerne Flächenarchitektur beherrschten die Bauidee des *«Gauforums»*, dessen Errichtung 1937
begann. Gnadenlos wurden die Parkanlagen im Asbachtal und die
anschließenden Straßenzüge der Altstadt vernichtet. Dem *Landesmuseum* wurde sein natürliches Umfeld und seine städtebauliche
Vermittlungsfunktion genommen. Es wurde zum verächtlich miß-
handelten, im Grunde störenden Beiwerk festungsähnlicher Partei-
bauten, die mit ihren endlosen Fassaden den für Massenaufmär-
sche gedachten «Adolf-Hitler-Platz» mit der riesigen «Halle der
Volksgemeinschaft» im Hintergrund säumten. Ein Vergleich der
Bilder macht den Verlust deutlich (S. 66 und 67; Stadtplan-Nr. 5).

   Daß alles «solid», gleichsam für die Ewigkeit eines «1000jährigen
Reiches» gebaut wurde, versteht sich. Damit schuf man eine ver-
trackte Unwiderruflichkeit, die jedem Rückbau zu einer menschlichen Dimension Grenzen setzt. Ebenso bedrückend ist, daß dieser
Monumentalismus in den siebziger Jahren durch neue Bauten, so
vor allem durch das Doppelhochhaus eines Studenteninternats,
eine unrühmliche Fortsetzung fand, die diesem Teil der nördlichen
Altstadt endgültig den Garaus machte. So bleibt nur der Versuch
einer Ehrenrettung durch die Wiederherstellung des «Landesmu-
seums». Der Bau, im Krieg beschädigt, war nach 1945 durch die
Ignoranz der neuen Verantwortlichen und Geldmangel dem Verfall
preisgegeben worden. Seine seit 1990 betriebene Rettung und die
Wiedereröffnung in der Silvesternacht 1998/99 als Auftakt des Jahres der «Kulturstadt Europas 1999» haben Weimar ein bedeutendes
kulturelles und museales Zentrum zurückgegeben.
   Auch in der Innenstadt hat der Baustil der dreißiger Jahre Spuren hinterlassen. Die grazile, venezianisch geprägte Fassade des
1880 errichteten Museums für Kunst und Kunstgewerbe, kurz nach
der Jahrhundertwende dank der Tätigkeit Harry Graf Kesslers
Stätte brisanter kunstgeschichtlicher Ereignisse, wurde rücksichts-
los durch einen nüchternen Eckbau zugedeckt. Es dient heute als

städtisches Kunstkabinett wechselnden Ausstellungen. Das Hotel
«Elephant», als Herberge berühmter Gäste einst das «Vorzimmer zu
Weimars lebender Walhalla» (Franz Grillparzer), war damals zum
beliebten Aufenthaltsort führender Größen des «Dritten Reiches»
geworden, die auf einen modernisierten Neubau drängten. Das
1938 wieder eröffnete Haus kann trotz beschönigender Umbauten
der jüngsten Zeit seine Verwandtschaft mit der blockig-nüchternen
Architektur dieser Jahre nicht verbergen (S. 68; Stadtplan-Nr. 17).
Nationalsozialistische Monumentalarchitektur reinsten Wassers de-
monstriert die von Hitler persönlich mit finanzierte, von dem will-
fährigen Architekten Paul Schultze-Naumburg entworfene «Nietz-
sche-Gedächtnishalle», deren Fertigstellung sich jedoch damals ver-
zögerte. Direkt neben dem Nietzsche-Archiv gelegen, bildet sie –
heute Sitz einer Rundfunkanstalt – einen beklemmenden Kontrast
zu dem einst von Henry van de Velde umgebauten Sterbehaus
Nietzsches (Stadtplan-Nr. 37).
    Inzwischen hatte das Hitler-Reich die Völker in die Barbarei des
Zweiten Weltkriegs gestürzt. Der Überfall auf ganz Europa schlug
bald erbarmungslos auf seine Urheber zurück. Auch die Kulturstadt
Weimar kam dadurch in die größte Gefahr, in der drohenden Ver-

Eingangstor zum ehemaligen   69
Konzentrationslager Buchenwald
auf dem Ettersberg bei Weimar

nichtung deutscher Städte unterzugehen. Weimar wurde in der Tat
bei den Bombenangriffen im Frühjahr 1945 nicht verschont; das
Schicksal einer völligen Zerstörung blieb der Stadt aber zum Glück
erspart. Doch in den Jahren des Neuanfangs nach dem Untergang
des «Dritten Reiches» war manche Mühe aufzuwenden, um die berühmten Kulturstätten völlig wiederherzustellen und später für den
wachsenden Besucherstrom intakt zu halten. Auch damit der in den
jüngsten Jahrzehnten um sich greifende Verfall der Altstadt endlich
aufgehalten werden kann, sind noch große Anstrengungen erfor-
derlich. Doch diese Stadt, auf die wieder die Welt schaut, lohnt jeder Mühe.

Gastfreundliches Weimar
Auf dem Weg zur «Kulturstadt Europas 1999»

Weimar wird sich in den kommenden Jahren weiter nachhaltig für Europa öffnen.

(Aus der offiziellen Bewerbungsschrift um den Titel «Kulturstadt Europas»)

»Eine der spazierlichsten Städte» hatte 1851 Adolf Stahr Weimar genannt. Betrachtet man das Luftbild des heutigen Weimar, so möchte man Stahr noch immer recht geben. Weimar ist eine Stadt im Grünen geblieben. Neben dem grünen Gürtel der Parks im Ilmtal und auf den Höhen um Weimar verläuft auch quer durch die Stadt eine Linie kleiner Parkanlagen und mit Bäumen bestandener Plätze und Straßenzüge, wenn auch unterbrochen durch die Steinwüste des «Gauforums». Viel wird für das freundliche Aussehen der Häuser und Straßen getan. Die Wege in Weimar sind auch heute noch abwechslungsreich und nicht sehr lang. Und das Spazieren macht in der sich erneuernden Stadt immer mehr Spaß. Die Schillerstraße inmitten der Fußgängerzone ist im Sommer eine wahre Flaniermeile mit internationalem Sprachengewirr. Sie verbindet

Schillerstraße mit Gänsemännchen-
brunnen

nicht nur das Schillerhaus mit dem Goethehaus am nahen Frauenplan, sondern auch den Marktplatz mit dem Theaterplatz, der nicht
zuletzt wegen des Goethe- und Schiller-Denkmals der Zielpunkt
der Touristenströme ist. Der Goetheplatz ist dann nicht mehr weit.
Auch hier fehlt die kleine Anlage mit schattenspendenden Bäumen
und Bänken für müde Wanderer nicht; bald wird der rege Verkehr
von hier zugunsten der Fußgänger zurückgedrängt werden. Treffpunkte wie den Studentenclub im historischen Kasseturm oder alte
und neue alternative Galerien und Kunstkeller kennt die Innenstadt
natürlich auch. Strahlenförmig kann man vom Zentrum aus nach
eigenem Interesse Wege gehen, an denen Erinnerungsstätten aus
der klassischen Zeit, aber auch Zeugnisse anderer Perioden wie vor
allem des Jugendstils oder des Bauhauses aufgereiht sind.

   Gastfreundschaft bedeutet jedoch für die «Kulturstadt Europas»
unendlich mehr. Den inneren Zugang zur Vergangenheit in offener
Weise zu fördern, ist wohl deren höchste Form. Nicht Verklärung
und Kult, sondern Einblicke in eine große und zugleich wechsel-
volle Geschichte werden erwartet. Die bedeutenden Köpfe und
«Neuerer» hatten es meist nicht leicht in diesem Weimar. Oft muß-
ten sie mit der Arroganz der Macht, mit Spießbürgertum und Iso-

lierung kämpfen, auch ein junger Dichter, der 1775 aus Frankfurt am Main kam und damals als Autor des «Selbstmörderromans» von den «Leiden des jungen Werther» allenthalben angefeindet wurde. Wenn diese Männer (und ihre Frauen) nicht von der starken Hand eines Regierenden geschützt wurden, war ihres Bleibens oft nicht lange. Es ist vielleicht sogar ungerecht, daß sich diese Stadt mit dem Ruhm schmücken darf, Geburtsort zu sein für die Erneuerung der Musik im Geiste eines Bach und Liszt, Ausgangspunkt neuer Sichten auf die Welt mit den Augen eines gläubigen humanistischen Demokraten wie Herder oder in unserem Jahrhundert Keimzelle einer Revolution der Architektur und Kunst.

Wie können wir, die heutigen Erben und Betrachter dieser wechselhaften Geschichte, die oftmals beschämenden Ärgernisse vergessen machen, mit denen die Erneuerer in diesem Weimar zu kämpfen hatten? Es geht nur auf zweifache Weise. Die bewahrten Schätze und Zeugnisse sind nicht nur sorgsam zu erhalten, sondern auch so darzubieten und zu erklären, daß die Mühen sichtbar werden, die das Hervorbringen großer Literatur und Kunst begleitet haben. Das zweite berührt unser Leben unmittelbar. Wie erleben die Bürger und Gäste Weimars tagtäglich diese Stadt? Wie erfüllen sich unsere Wünsche nach Lebensqualität und Gastfreundlichkeit? Präsentiert sich hier eine «Stadtkultur», die Gepflegtheit mit Freundlichkeit, Alltag mit unverwechselbarer kulturvoller Ausstrahlung verbindet? Wenn auch nicht alle Blütenträume reiften und nicht alles für diese große Aufgabe entstandene Neue gelungen erscheint, so hat Weimar in dieser Zeit einen Riesenschritt auf dem Weg zu einer schönen, weltoffenen Stadt getan. Es ist darauf vorbereitet, den Aufenthalt für jeden Besucher, der Kultur und Kunst, Landschaft und Geschichte liebt, der Gegenwart und Zukunftsentwurf zugleich betrachten möchte, zu einem eindrucksvollen Erlebnis werden zu lassen.

Nach dem «Kulturstadtjahr» 1999 zieht der kulturelle «Alltag» wieder ein, der aber keinesfalls nach Erschlaffung aussieht. Dazu gehört auch die Gewißheit, daß Kunst und Literatur an diesem Ort immer wieder neu hervorgebracht und erlebt werden können. Wenn man dabei viel Widersprüchlichem begegnet, wenn manches heiß umstritten erscheint, so ist das nicht nur natürlich, sondern sehr erwünscht. «Es gibt kein Vergangenes, das man zurücksehnen dürfte, es gibt nur ein ewig Neues, das sich aus den erweiterten Elementen des Vergangenen gestaltet.» (Goethe)

Die Zeichen für eine lebendige Begegnung mit dem Überlieferten und Neuen stehen nicht schlecht. In den Museen und Erinnerungsstätten an die Dichter der deutschen Klassik und in den Landschaftsparks bietet sich den Gästen eine ungewöhnliche Vielfalt. Das 1995 eröffnete Bauhaus-Museum am Theaterplatz oder das 1999 neugestaltete Goethe-Nationalmuseum sind Beispiele dafür, wie eindrucksvolle museale Präsentationen zu wahren Pilgerstätten des Publikums werden können. Auf der Bühne des Deutschen Nationaltheaters, in den Sälen der Kunstsammlungen im Weimarer Schloß und anderer Museen, in den Ausstellungen der traditionellen und alternativen Galerien, in den Konzerten und literarischen Lesungen, die diese Stadt ständig bereithält, haben die Werke der Vergangenheit, aber auch der Gegenwart ihr Heimrecht. Die Veranstaltungen des sommerlichen Weimarer Kunstfestes bieten besondere Attraktionen für jeden, der die Literatur, Musik und bildende Kunst erleben will. Immer mehr Wissenschaftler aus aller Welt nutzen die Sammlungen der Bibliotheken und Archive für ihre Studien. Eine ständige spannungsvolle Herausforderung bleibt die Auseinandersetzung mit dem Widerspruch von Weimar und Buchenwald und – weit darüber hinausführend – von Humanität und Barbarei, Demokratie und Bevormundung überhaupt. Wissenschaftler und Politiker stellen sich diesen Themen in öffentlichen Foren und Streitgesprächen. Ungewöhnlich reichhaltig ist auch das Angebot an Vorträgen, Museums- und Kunstgesprächen und anderen Veranstaltungen, das die Stiftung Weimarer Klassik, das Theater, die Kunstsammlungen, das Stadtmuseum und andere Woche für Woche bereithalten. Aber auch die heitere Geselligkeit kommt nicht zu kurz. «Ostern in Weimar» bietet den traditionellen Parkspaziergang in der «vom Eise befreiten» Natur. Ein wahres Volksfest ist der Zwiebelmarkt im Oktober, der schon über 300 Jahre gefeiert wird und für den auch Goethe einst sein Haus geschmückt hat. Auf seinem Gang durch die Stadt locken den Besucher Restaurants, kleine Cafés oder auch eine intime Weinstube. Eine Thüringer Rostbratwurst unterwegs zu verspeisen sollte man sich nicht scheuen, ist das doch hier ein echter Volksbrauch. So bekommt schließlich jeder das Gewünschte: der Genießer die anspruchsvolle Erholung, der eilige Gast die unkomplizierte Stärkung. «Wo finden Sie auf einem so engen Fleck noch so viel Gutes!» – man kann annehmen, daß Goethe, könnte er sich heute mit Eckermann über seine Stadt unterhalten, diesen Satz wiederholen würde.

Kleine Chronik zur Geschichte Weimars

899 Weimar wird erstmals urkundlich erwähnt.

1254 Weimar wird urkundlich als Stadt bezeichnet.

1547 Weimar wird Hauptresidenz des Herzogtums Sachsen-Weimar.

1617 Die «Fruchtbringende Gesellschaft», die wichtigste deutsche Sprachgesellschaft des 17. Jahrhunderts, wird im Weimarer Schloß gegründet.

1708 Johann Sebastian Bach kommt nach Weimar, wo er bis 1717 als Violinist, Hoforganist und später als Konzertmeister der Hofkapelle wirkt.

1759 Die Regentschaft der Herzogin Anna Amalia beginnt. Mit ihr setzt der kulturelle Aufschwung ein; sie holt 1772 Christoph Martin Wieland als Erzieher des Erbprinzen Carl August nach Weimar.

1775 Carl August übernimmt die Regierung. Unter seiner Förderung wird Weimar ein kulturelles und literarisches Zentrum von europäischem Rang. Im gleichen Jahr kommt Johann Wolfgang Goethe auf Einladung des Herzogs nach Weimar. Die Stadt hat etwa 6 000 Einwohner.

1776 Johann Gottfried Herder wird als Generalsuperintendent nach Weimar berufen.

1791 Friedrich Justin Bertuch gründet das «Landes-Industrie-Comptoir», das sich zu einem bedeutenden Verlag entwickelt.

1799 Friedrich Schiller übersiedelt endgültig nach Weimar, wo er schon 1787–1789 gelebt hatte.

1815 Auf dem Wiener Kongreß wird Sachsen-Weimar-Eisenach zum Großherzogtum erhoben. Carl August gibt 1816 als einer der ersten deutschen Fürsten seinem Land eine Verfassung.

1842 Franz Liszt wird der Ehrentitel «Kapellmeister in außerordentlichen Diensten» verliehen; 1848 tritt er fest in weimarische Dienste und übersiedelt nach Weimar, wo er bis 1861 wirkt und sich ab 1869 in den Sommermonaten wieder aufhält.

1853 Großherzog Carl Alexander übernimmt die Regentschaft und fördert in vielfältiger Weise die kulturelle Entwicklung im «Silbernen Zeitalter» Weimars.

1857 Das Goethe- und Schiller-Denkmal von Ernst Rietschel wird enthüllt. Die Stadt hat über 15 000 Einwohner.

1860 Die Großherzogliche Kunstschule (1910 zur Kunsthochschule erhoben) wird gegründet.

1872 Die Weimarer Orchesterschule wird gegründet, aus der sich die Großherzogliche Musikschule, seit 1930 Hochschule für Musik, entwickelt.

1885 Das Goethe-Nationalmuseum, das Goethe-Archiv (seit 1889 Goethe- und Schiller-Archiv) und die Goethe-Gesellschaft werden gegründet.

1897 Der schwerkranke Philosoph Friedrich Nietzsche wird nach Weimar gebracht, wo er bis zu seinem Tod 1900 im von seiner Schwester geführten Haus des Nietzsche-Archivs lebt.

1902 Der belgische Architekt und Maler Henry van de Velde wird nach Weimar berufen. Er eröffnet ein kunstgewerbliches Seminar, aus dem 1908 die Kunstgewerbeschule hervorgeht.

1903 Harry Graf Kessler wird nach Weimar berufen. Er übernimmt als Ehrenamt die Leitung des Museums für Kunst und Kunstgewerbe, die er schon 1906 nach dem «Rodin-Skandal» wieder niederlegt. Unter maßgeblicher Mitwirkung Kesslers wird im gleichen Jahr in Weimar der «Allgemeine Deutsche Künstlerbund» gegründet.

1918 Die Novemberrevolution zwingt den letzten Großherzog zur Abdankung.

1919 Im Deutschen Nationaltheater tagt die verfassungsgebende Nationalversammlung, die mit der Annahme der Weimarer Verfassung die erste deutsche Demokratie, die «Weimarer Republik», begründet. Im gleichen Jahr wird das «Staatliche Bauhaus» unter der Leitung von Walter Gropius gegründet. In ihm wirken Künstler wie Lyonel Feininger, Wassili Kandinsky, Paul Klee u. a. Es muß schon 1925 seine Tätigkeit in Weimar beenden.

1920 Weimar wird Hauptstadt des neugegründeten Landes Thüringen.

1932 Feierlichkeiten zum 100. Todestag Goethes im März.

1937 Die Nationalsozialisten errichten das Konzentrationslager Buchenwald auf dem Ettersberg bei Weimar. Nach Kriegsende wird an gleicher Stelle ein sowjetisches Internierungslager eingerichtet, das bis 1950 besteht. Ebenfalls 1937 beginnt der Bau des «Gauforums».

1945 Durch Bombenangriffe werden Teile der Altstadt und eine Reihe Museen und Gedenkstätten der deutschen Klassik schwer beschädigt.

1949 Goethejahr (200. Geburtstag). Wiedereröffnung des im Krieg teilweise zerstörten Goethehauses. Goethe-Gedenkrede Thomas Manns im Deutschen Nationaltheater.

1955 Schillerjahr (150. Todestag). Schiller-Gedenkrede Thomas Manns im Deutschen Nationaltheater.

1958 Die Mahn- und Gedenkstätte Buchenwald wird eingeweiht.

1988 Wiedereröffnung des neugestalteten Schillerhauses.

1989 Die friedliche politische Wende führt zu demokratischen Veränderungen, die 1990 in freier Kommunalwahl bestätigt werden.

1990 Das Weimarer Kunstfest wird erstmals durchgeführt.

1996 Die Hochschule für Architektur und Bauwesen erhält den Namen Bauhaus-Universität.

1999 Weimar ist «Kulturstadt Europas».

Weimarer Ausflugsziele

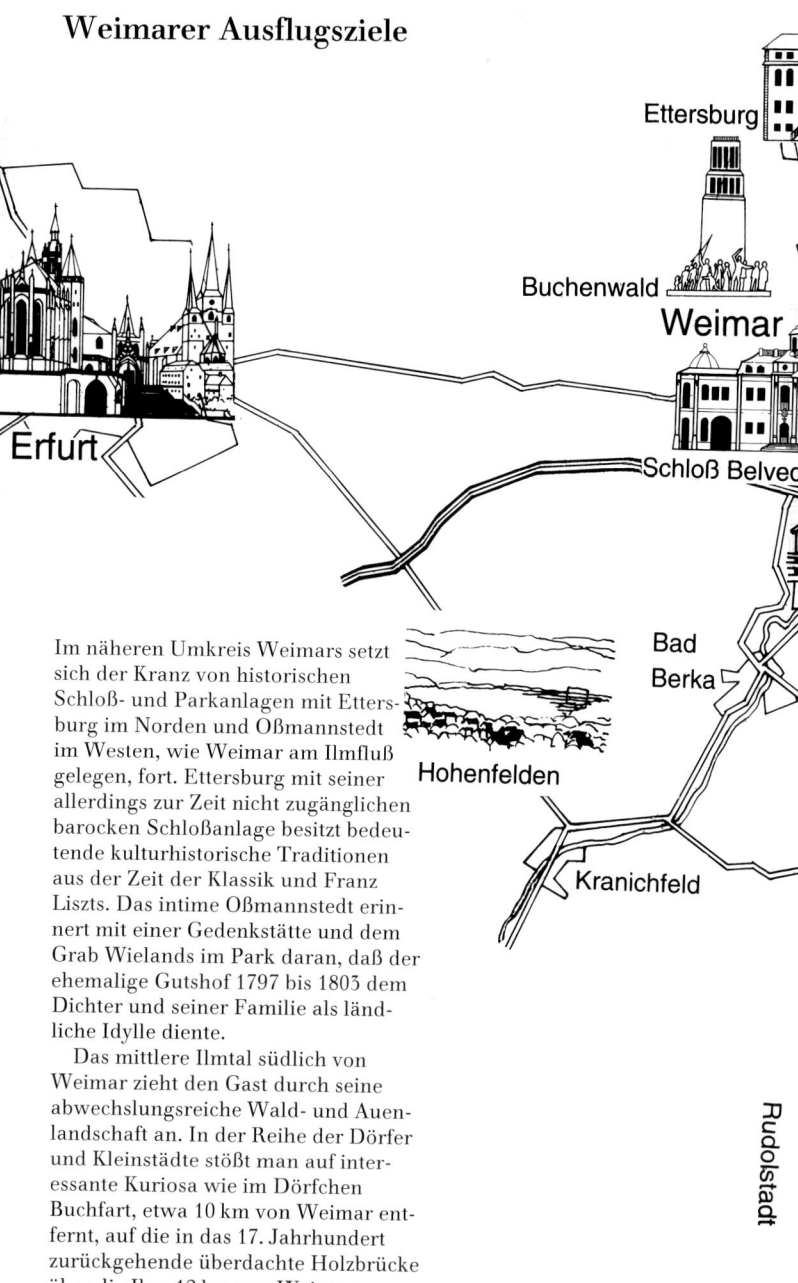

Ettersburg

Buchenwald

Weimar

Erfurt

Schloß Belvede

Bad
Berka

Hohenfelden

Kranichfeld

Rudolstadt

Im näheren Umkreis Weimars setzt
sich der Kranz von historischen
Schloß- und Parkanlagen mit Ettersburg im Norden und Oßmannstedt
im Westen, wie Weimar am Ilmfluß
gelegen, fort. Ettersburg mit seiner
allerdings zur Zeit nicht zugänglichen
barocken Schloßanlage besitzt bedeutende kulturhistorische Traditionen
aus der Zeit der Klassik und Franz
Liszts. Das intime Oßmannstedt erin-
nert mit einer Gedenkstätte und dem
Grab Wielands im Park daran, daß der
ehemalige Gutshof 1797 bis 1803 dem
Dichter und seiner Familie als länd-
liche Idylle diente.

Das mittlere Ilmtal südlich von
Weimar zieht den Gast durch seine
abwechslungsreiche Wald- und Auen-
landschaft an. In der Reihe der Dörfer
und Kleinstädte stößt man auf interessante Kuriosa wie im Dörfchen
Buchfart, etwa 10 km von Weimar entfernt, auf die in das 17. Jahrhundert
zurückgehende überdachte Holzbrücke
über die Ilm. 12 km von Weimar
entfernt liegt Bad Berka, eine
gepflegte Kurstadt.

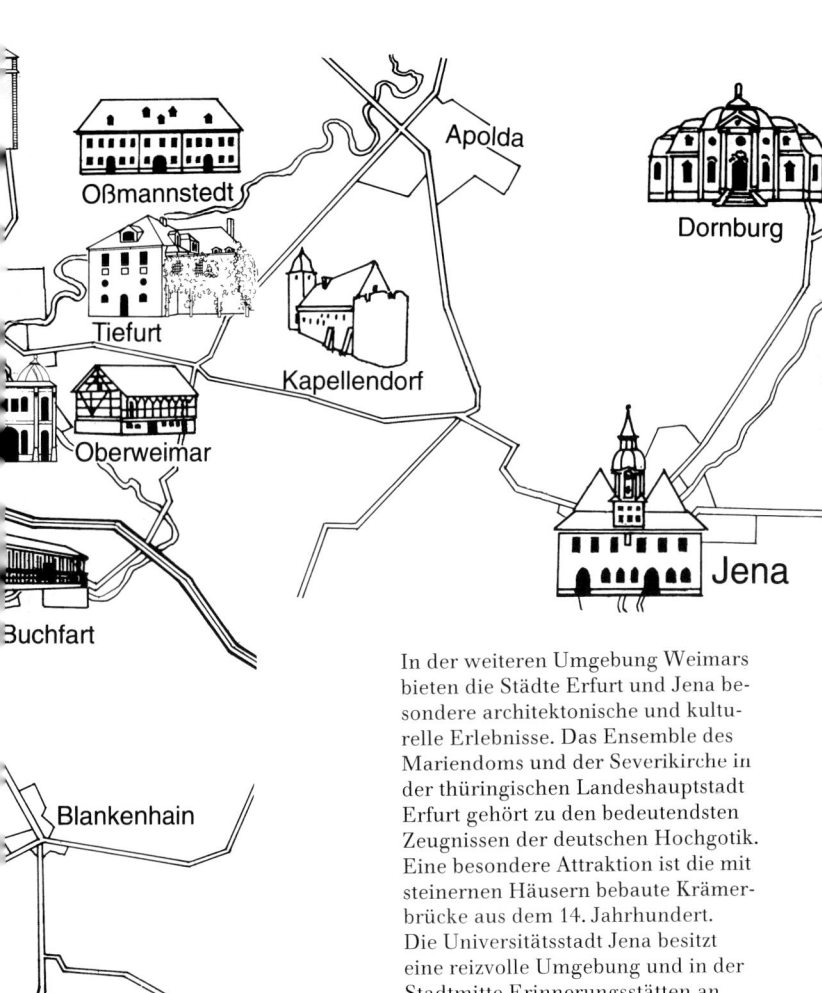

Oßmannstedt

Tiefurt

Apolda

Dornburg

Kapellendorf

Oberweimar

Jena

Buchfart

Blankenhain

Großkochberg

In der weiteren Umgebung Weimars
bieten die Städte Erfurt und Jena besondere architektonische und kulturelle Erlebnisse. Das Ensemble des
Mariendoms und der Severikirche in
der thüringischen Landeshauptstadt
Erfurt gehört zu den bedeutendsten
Zeugnissen der deutschen Hochgotik.
Eine besondere Attraktion ist die mit
steinernen Häusern bebaute Krämer-
brücke aus dem 14. Jahrhundert.
Die Universitätsstadt Jena besitzt
eine reizvolle Umgebung und in der
Stadtmitte Erinnerungsstätten an
das Wirken Goethes, Schillers und
der Frühromantiker.

Folgt man dem Saaletal von Jena
aus in nördlicher Richtung, so grüßen
bald vom hohen Felsen die drei Dorn-
burger Schlösser. Sie bieten eine in
dieser Art ungewöhnliche architektonische Nachbarschaft von Spätmittelalter, Renaissance und Rokoko und
eine herrliche Aussicht ins weite
Saaletal. Inmitten des Dreiecks
Weimar–Jena–Rudolstadt liegt Großkochberg, der Sommersitz von
Goethes Freundin Charlotte von Stein.

Praktische Hinweise und Informationen

Verkehrsanbindung

Auto, Bus

A 4   Dresden–Frankfurt a. M.
      (5 km bis Stadtmitte)
B 7   Kassel–Eisenach–Erfurt–
      Weimar–Jena–Gera
B 85 Bayreuth–Kulmbach–Saal-
      feld–Rudolstadt–Bad Berka–
      Weimar–Kyffhäuser–Harz

Eisenbahn

Frankfurt a. M.–Weimar–Leipzig–
Dresden bzw. Halle–Berlin

Flugzeug

Flughafen Erfurt-Bindersleben
(25 km)
Flughafen Leipzig (100 km)
Rhein-Main-Flughafen Frankfurt
a. M. (300 km)

Touristische und kulturelle Informationen

Tourist-Information Weimar

Markt 10, 99421 Weimar
Tel.: 0 36 43/24 00 0
Fax: 0 36 43/24 00 40
Service:
Informationen, Zimmervermittlung,
Stadtführungen, Ticket-Zentrale,
Tagungs- und Kongreß-Service,
Souvenir- und Publikationsverkauf
Öffnungszeiten:
Mai–Oktober
montags–freitags   10–19 Uhr
samstags, sonntags
feiertags   10–16 Uhr
November–April
montags–freitags   10–18 Uhr
samstags, sonntags,
feiertags   10–15 Uhr

Wimare, Fremdenverkehr & Kultur

Seifengasse 9, 99423 Weimar
Tel.: 0 36 43/85 31 01
Fax: 0 36 43/85 31 02
Service:
Hotel- und Zimmerreservierung,
gastronomische Versorgung, Stadt-
führungen, Vorträge und Lesungen

Stadtrundfahrt Weimar

Steubenstraße 28, 99423 Weimar
Tel.: 0 36 43/5 95 26
Fax: 0 36 43/5 96 25
Service:
Stadtrundfahrten, ab Frauentor-
straße zur vollen Std.
Mai–Oktober   10–17 Uhr
November–April   10–14 Uhr

Weimar-Touristbüro Scholz KG

Incoming-Reisebüro
Herderplatz 1, 99423 Weimar
Tel.: 0 36 43/5 41 80
Fax: 0 36 43/54 18 99
Service:
Busreisen, Hotel- und Gaststätten-
vermittlung, Stadtführungen

Stiftung Weimarer Klassik

Besucherbetreuung:
Frauentorstraße 4, 99423 Weimar
Tel.: 0 36 43/54 51 02
Fax: 0 36 43/41 98 16
Service:
Eintrittskarten für alle Museen der
deutschen Klassik; thematische
Führungen, Museumsgespräche,
Vorträge, Seminare, Souvenir- und
Publikationsverkauf

Öffnungszeiten s. einzelne Museen

Einzelne Museen (Auswahl)

– Goethes Wohnhaus
  täglich (außer montags)
  9–18 Uhr
– Goethe-Museum
  Wiedereröffnung in neuer Gestalt
  im Februar 1999
– Schillers Wohnhaus
  täglich (außer dienstags)
  9–18 Uhr
– Goethes Gartenhaus im Park an
  der Ilm
  täglich (außer dienstags)
  9–18 Uhr
– Wittumspalais und Wieland-
  museum
  täglich (außer montags)
  9–18 Uhr
– Liszt-Haus
  täglich (außer montags)
  9–13 und 14–18 Uhr
– Nietzsche-Archiv
  täglich (außer montags)
  13–18 Uhr
– Schloß Tiefurt bei Weimar
  täglich (außer montags)
  9–18 Uhr
– Parkhöhle Weimar im Park an
  der Ilm
  täglich (außer montags und
  dienstags)
  9–18 Uhr
In den Monaten November–März
schließen diese Museen bereits
16 Uhr

Kunstsammlungen zu Weimar

Tel.: 0 36 43/54 60
Fax: 0 36 43/54 61 01
– Schloßmuseum
– Bauhaus-Museum am Theater-
  platz
– Neues Museum (Eröffnung
  Januar 1999)

– Schloß Belvedere bei Weimar mit
  Sammlung historischer Wagen
Öffnungszeiten für diese Museen:
täglich (außer montags) 10–18 Uhr
November–März   10–16.30 Uhr,
Museum Belvedere mit Sammlung
historischer Wagen in dieser Zeit
geschlossen

Gedenkstätte Buchenwald
auf dem Ettersberg bei Weimar

99427 Weimar
Besucherabteilung:
Tel.: 0 36 43/43 02 00
Öffnungszeiten:
Mai–September
täglich (außer montags)
9.45–17.15 Uhr
Oktober–April
täglich (außer montags)
8.45–16.15 Uhr

Deutsches Nationaltheater

Theaterplatz, 99423 Weimar
Bereich Öffentlichkeitsarbeit:
Tel.: 0 36 43/75 53 01

Stadtmuseum im Bertuchhaus

Karl-Liebknecht-Straße 5,
99423 Weimar
Tel.: 0 36 43/90 38 68
Wiedereröffnung der ständigen
Ausstellung voraussichtlich im
Mai 1999
– Kunstkabinett am Goetheplatz 9b
  Tel.: 0 36 43/50 23 64
  täglich (außer montags)
  10–13 und 14–17 Uhr
– Bienenmuseum
  Ilmstraße 2
  Tel.: 0 36 43/90 10 32
  täglich (außer montags)
  10–13 und 14–17 Uhr

Register

(wichtige Örtlichkeiten, Institutionen, Bauwerke und Sehenswürdigkeiten)